Saveurs & Légendes de nos terroirs

Textes & recettes André Bouyssou
Photos Francis Debaisieux
Réalisation Mireille Debaisieux

Éditions DEBAISIEUX

Préface

Ce livre n'est ni un livre de cuisine de plus, ni un traité de gastronomie, ni un recueil de recettes ; il est d'abord l'expression toute simple d'une vocation.

André Bouyssou n'a pas voulu, en effet, réaliser un ouvrage didactique ou disserter sur les mérites comparés des différentes cuisines.

Avec les mots qu'il connaît, mêlant parfois la légende à la réalité, poussant le trait jusqu'à l'extrême, porté par sa nature généreuse, il a raconté, au rythme des saisons et des travaux champêtres d'une région pour laquelle je partage avec lui une vive passion, le lien immémorial qui existe entre l'effort physique et le roboratif, l'odeur d'un sous-bois et la saveur d'un mets, la mélancolie d'une saison et le goût d'un fruit...

Née dès son tout jeune âge, auprès d'une parentèle d'aubergistes, entretenue par l'observation, puis par l'expérience, sa passion pour la cuisine du terroir s'exprime naturellement dans ces pages qui stimulent notre mémoire proustienne et nous invitent à une ronde des saveurs. Il y a du Raguenaud dans ce truculent témoin de nos gourmandises qui a toujours su associer la poésie à la cuisson d'un mets.

Mais assez parlé, mettons-nous à table !

Louis-Jacques Liandier

Mes remerciements

Les premiers lecteurs de ce manuscrit furent mon ami Louis-Jacques Liandier ainsi que Marcello Pandolfi qui sont tous deux des écrivains confirmés.

Les membres de ma famille ont lu ma prose avec beaucoup d'intérêt et m'ont encouragé dans cette nouvelle discipline.

Mes fidèles secrétaires ont mis leur compétence au service de l'organisation de ces textes.

Je tiens à remercier aussi la famille Ducher, de Badailhac, la famille Chauvet, de Saint-Clément, madame Lappara, de Vic-sur-Cère, monsieur Barthélemy, de Vic-sur-Cère, monsieur Trin, propriétaire du buron de Badailhac, monsieur Civiale, de Salilhes, monsieur et madame Labro, de Lacquairie, près de Raulhac, madame Delbert, potière à Salvanhac, près de Vic-sur-Cère, monsieur Antonin Bertrand, du Teil de Polminhac, monsieur Bonnet, de l'hôtel Saint-Joseph, sans oublier mon fidèle maître d'apprentissage, Robert Roulier, ainsi qu'Alain Jonquière, cuisinier et proche collaborateur depuis trente ans.

J'aime l'écriture car elle représente un moyen d'expression simple et sincère.
Grâce à elle, on peut communiquer ses émotions, les partager avec des lecteurs qui deviennent alors des amis.

J'espère donc que vous prendrez autant de plaisir en découvrant mes recettes et les histoires qui s'y rattachent que j'en ai eu moi-même à les rédiger. Je souhaite que vous ayez également beaucoup de satisfaction à réaliser ces plats délicieux que j'ai concoctés tout au long de ma vie et dont les palais les plus délicats se sont régalés.

S O M M

A I R E

Quand on est pauvre, on mange quand on peut.
Quand on est riche, on mange quand on veut.

L'homme mange ; l'homme d'esprit seul sait manger.
Brillat-Savarin
Physiologie du goût

Un menu auvergnat

Le Potage à l'Ail
Le Pounti au jus de viande
La Poitrine de Veau farcie ou Faude
Le Chou de la Menette
La Salade de Pissenlits aux Lardons
Le plateau de Fromages
Le Pâté de Pommes chaudes
à la Crème fleurette

Avant-propos

Ce livre n'a pas été écrit avec l'intention de révolutionner la cuisine actuelle, car, dans ce domaine, plus rien n'est à inventer, à part les associations de goût ou les cuissons adaptées aux nouvelles technologies.

Cet ouvrage se compose d'une suite d'observations que j'ai pu faire au cours de mes quarante années de vie professionnelle.

La cuisine, ou plutôt le métier de cuisinier, représente un sacerdoce ; on y entre, en quelque sorte, comme on entre en religion.

Les premières qualités d'un cuisinier, ce sont la générosité et l'honnêteté dans le choix des produits destinés à la composition des menus proposés à la clientèle. Sans ces deux ingrédients, malgré toute l'excellence d'une recette, le résultat ne sera jamais satisfaisant, puisque, je le répète souvent, le plaisir d'un cuisinier passe souvent par le plaisir des autres.

J'ai associé à mon activité professionnelle des responsabilités syndicales au sein de la Fédération de l'Industrie Hôtelière du Cantal. Mes pairs m'ont élu à la présidence de cette association depuis quinze ans. Cette fonction m'a permis de bien connaître le métier de cuisinier.

J'ai rencontré des professionnels heureux mais, hélas, aussi, de nombreux autres en grande difficulté. Certains d'entre eux ne travaillaient que pour l'aspect pécuniaire ; d'autres, plutôt pour le plaisir ; mais peu obtenaient finalement le résultat escompté de leurs efforts.

La qualité de nos établissements est parfois jugée hâtivement par la presse. Il peut en découler un sentiment d'injustice et de découragement chez ces hommes et ces femmes qui consacrent une grande part de leur temps et de leur énergie à satisfaire leurs clients. Ceux-ci viennent en effet chercher une part de rêve et de plaisir chez leur hôte, qui a souvent consenti de lourds sacrifices pour parvenir à sa réussite professionnelle.

Durant la longue présidence qui fut la mienne, j'ai toujours essayé, avec la collaboration de mon épouse, de faire de notre restaurant un lieu de rencontre privilégié avec les responsables économiques et politiques du département.

C'est ainsi que je réussis à réunir de nombreuses personnalités, chez nous, autour d'une table bien garnie. Une certaine convivialité s'installait entre nous et je pouvais de cette façon plaider la cause de ceux de mes mandants qui éprouvaient quelques ennuis.

Je suis devenu l'ami de ces personnes que l'on dit « importantes » et aussi celui de mes collègues, qui me témoignent leur reconnaissance, dynamisant ainsi ma fibre combative pour la défense de la profession que je représentais.

La restauration, l'hôtellerie, la « limonade » sont autant d'activités indispensables à la vie d'un pays. J'ai toujours essayé de rassembler et de développer les énergies autour du beau métier de cuisinier. Mais la réalité n'est pas toujours ce que l'on imagine.

J'aurais voulu mieux faire et parfois j'ai dû constater avec amertume combien la solidarité se tisse difficilement entre des confrères qui sont aussi des concurrents…

En ce haut pays auvergnat, la nature, les volcans, les lacs, les rivières sont sources de vie. La gastronomie s'inscrit aussi parfaitement dans le cadre de l'amélioration du quotidien de l'Auvergnat.

On dit que ce dernier aime bien vivre et bien manger ; c'est pourquoi dans cet ouvrage j'établis un parallèle entre chaque étape de l'existence paysanne, rythmée par les saisons et les travaux des champs, et les plats confectionnés par celles qui tenaient les fermes.

Les Français ont beaucoup de chance de pouvoir conserver la mémoire gastronomique de leur pays. Il ne faut pas la laisser disparaître, car ces goûts, ces parfums, ces saveurs sont caractéristiques de nos régions. En Auvergne, ces éléments sont alliés au feu du volcan, à l'eau et à l'air pur, pour donner des recettes dont le palais de tous les gourmands se souvient éternellement.

Ce livre est un recueil de goûts, d'impressions, de souvenirs, car la vie est un voyage, court peut-être, mais qui nous laisse une mémoire chaleureuse et cette sensation heureuse d'avoir vécu en essayant de donner ce que l'on a de plus cher au monde : son savoir, sa gentillesse et le meilleur de soi-même.

Ne dit-on pas que la gentillesse est la noblesse de l'esprit ?

Il était une fois un fromage, le cantal

Déjà, les écrivains romains vantaient sa saveur et son pouvoir nourricier. Émile Zola dans sa description des Halles de Paris s'est attardé lui aussi sur les mérites de ce fromage.

Sa particularité s'apparente quelque peu à celle des vins : son goût diffère selon les pâturages où les vaches ont brouté.

Il s'agit bien sûr de vaches de race « salers », ces belles énigmatiques que les touristes trouvent magnifiques avec leur robe acajou, leurs cornes en forme de lyre et leur regard enveloppant, mêlé de tendresse et de tristesse.

Ces animaux rustiques sont adaptés à la rigueur de nos montagnes, s'accrochant avec aisance aux flancs des volcans endormis.

Ces bêtes à cornes sont au nombre d'environ cent quatre-vingt mille, alors que la population des Cantaliens ne s'élève qu'à cent cinquante mille personnes.

C'est ainsi qu'hommes et « salers » se partagent les grands espaces où le ciel et la forêt semblent s'entremêler.

L'air y est si pur que l'été, à la tombée de la nuit, l'observateur attentif peut distinguer les contours du feuillage sur cet écran cristallin qu'est le ciel de nos montagnes.

Il existe mille et une manières de déguster le cantal, comme l'attestent les nombreuses recettes que je vais vous donner et que j'ai mises en œuvre avec grand plaisir, tout au long de ma carrière.

Nous ne développerons pas ici la manière dont se fabrique le cantal mais nous dirons seulement que le résidu liquide provenant de la préparation de la pâte, nommé « petit lait », constituait jadis la boisson habituelle des paysans, bien avant le vin.

Selon les goûts, le « cantal » et le « salers » se consomment à la fin du repas qu'il s'agisse du « jeune » ou du « vieux ». On affirme chez nous « qu'un repas sans fromage est une femme sans appâts ». On l'accompagne avec du vin rouge, de préférence du cahors ou du bordeaux.

Dans les temps anciens, on avait coutume de consommer un en-cas pour couper la matinée ; cela s'appelait « faire neuf heures » et bien sûr la « fourme » était de rigueur. Les pédiatres conseillent d'ailleurs le fromage du Cantal pour les goûters afin d'apporter des éléments nutritifs, notamment aux enfants chétifs.

La Truffade

C'est le plat régional par excellence !

Ingrédients pour 5 personnes
1 kg de pommes de terre,
450 g de tome fraîche, ayant séjourné au moins trois jours au réfrigérateur,
quelques lardons.
Préparation 30 minutes ~ Cuisson une heure et quart

Émincer les pommes de terre,
les cuire à l'étouffée à la poêle, durant une heure environ,
toujours avec des lardons.
Couper la tome en petits dés et en recouvrir les pommes de terre.
Laisser cuire encore 15 minutes,
puis remuer le tout énergiquement
jusqu'à ce que le mélange file.

L'aligot, c'est la variante de l'Aubrac. Bien plus compliqué à préparer, nous dirons simplement qu'il se réalise à partir d'une purée à laquelle on ajoute de la crème fraîche et de la tome.

La Chiffonnade au cantal chaud

Cette chiffonnade se sert au début du repas.

Ingrédients pour 5 personnes
200 g de salade, frisée de préférence,
200 g de cantal doux,
5 croûtons de pain, 30 g de beurre,
2 cuillerées d'huile, 10 de vinaigrette,
150 g de magret fumé.
Préparation 30 minutes

Ciseler grossièrement la salade et l'assaisonner.
Déposer les magrets émincés
et les croûtons, frits à la poêle dans le beurre et l'huile,
recouvrir de cantal fondu et servir sans tarder.

Ce cantal fondu peut accommoder également des pièces de bœuf, prises dans le filet ou l'entrecôte et cuites au grill, puis passées quelques instants au four, pour gratiner.

Les Macaronis au gratin de cantal

Alterner en couches
macaronis cuits 10 minutes à l'eau salée, cantal râpé et crème fraîche ;
terminer par cantal et chapelure.
Passer au four à 250° (thermostat 8), 25 minutes.

Le Soufflé au cantal

Incorporer à une béchamel
du cantal râpé, des jaunes d'œuf
et des blancs battus en neige très ferme.
Suivant les goûts, ajouter une pointe de noix de muscade.
Cuire dans un moule à soufflé, 25 minutes, à four 250 ° (thermostat 8).

La Soupe au cantal

Elle se consomme lors du repas du soir
ou dans la nuit clôturant une soirée de réjouissances.
Dans un bouillon très chaud,
disposer des tranches de pain bis rassis et du cantal coupé en dès,
passer au four quelques instants, avant de servir.

Les Filets de Truite au gratin de cantal

Prévoir une truite par personne. Faire lever les filets par le poissonnier,
les poser dans un plat, sur un lit d'échalotes hachées,
les immerger à peine d'un court-bouillon,
et recouvrir de lamelles de cantal.
Passer au four durant une quinzaine de minutes.

La Tarte au cantal

Facile à réaliser
Ingrédients pour 5 personnes
200 g de pâte feuilletée, 5 tomates, 1/2 verre d'huile d'olive,
1 à 2 cuillerées à soupe de moutarde à l'estragon, 200 g de cantal doux.
Préparation 30 minutes ~ Cuisson 25 minutes

Étendre la pâte feuilletée,
en chemiser une tourtière de 26 cm de diamètre environ.
Piquer légèrement le fond avec une fourchette, mettre au frais.
Éplucher, épépiner et couper les tomates, en tranches de 1 cm d'épaisseur
(il ne doit rester aucune graine).
Les ranger dans un plat, saler, poivrer, napper d'huile d'olive
et laisser mariner 20 minutes en les retournant deux ou trois fois.
Étaler la moutarde sur le fond de tarte,
recouvrir de cantal en lamelles,
disposer harmonieusement les tranches de tomates,
arroser le tout d'un peu de marinade.
Mettre au four à 180 ° (thermostat 6), 25 minutes.
Laisser reposer 15 minutes à la sortie du four,
ce qui permettra à la garniture de se tasser et d'absorber le jus. Servir tiède.

Les recettes au cantal sont nombreuses,
on peut en imaginer d'autres, ce fromage s'y prête admirablement.

S 15AA

Truites et autres poissons de chez nous

Autrefois, dans nos campagnes, et plus généralement dans le Massif central, le poisson de mer était très peu consommé. Celui que l'on préférait, et de loin, était la truite vagabonde qui vivait dans les ruisseaux.

Sa robe luisante et satinée, imprimée de points rouges, la rendait aussi belle qu'elle était délectable.

Il ne se trouvait pas de grand repas sans que cette noble créature de l'onde soit servie en priorité.

Le saumon de l'Allier, rivière proche de nos montagnes auvergnates, était également très prisé. Sa chair ferme, moelleuse à la cuisson, permettait de le consommer au début des agapes ou bien « en viande ».

Les écrevisses qui vivaient en abondance dans nos ruisseaux constituaient les crustacés de l'automne.

Plus tard, avec l'arrivée des barges qui s'arrêtaient pour faire du troc, la morue fit son apparition.

Elle se préparait à la crème et à l'ail dans le Cantal ; plus bas, elle prenait le nom d'« estafinade ».

Dans ces régions pauvres en loisirs et riches en travail, les habitants savaient se faire plaisir autour d'une table bien garnie.

Plus tard, on s'est mis à confectionner des pavés de saumon au cantal doux ou des filets de turbot au beurre de campagne.

Les Truites pochées au saint-pourçain

Ingrédients pour une personne
une truite, 40 g de beurre, 40 g de farine, 40 g d'échalotes,
20 cl de saint-pourçain,
quelques arêtes, 1 ou 2 oignons, des carottes, un bouquet garni,
quelques champignons émincés, de la crème fraîche, un médaillon de truffe.
Préparation 15 minutes ~ Cuisson 25 minutes

Vider les truites, les nettoyer soigneusement
et les laisser dégorger quelques minutes dans de l'eau glacée.
Préparer un fumet avec les arêtes, les carottes, les échalotes, le bouquet garni,
le tout recouvert d'eau et mis à cuire 20 minutes.
Beurrer une plaque, saler, poivrer et parsemer d'échalotes ciselées,
y déposer les truites, les immerger complètement
avec le saint-pourçain et le fumet refroidi, couvrir de papier sulfurisé beurré.
Démarrer la cuisson à feu vif et terminer 5 minutes au four 160-170 ° (th. 5-6).
Enlever les truites, les débarrasser de leur peau, les tenir au chaud.
Faire réduire le fumet de cuisson de plus de la moitié, ajouter la crème
jusqu'à obtenir une sauce onctueuse, puis les champignons,
rectifier l'assaisonnement, napper les truites de cette sauce
et décorer d'un médaillon de truffe.

Les Truites d'un cuisinier cantalien

Ingrédients pour 5 personnes
5 truites de 300 g, 100 g d'échalotes, 1/2 l de vinaigre,
un verre de vin blanc du Fel, 1/2 l de crème fleurette,
100 g de queues de crevettes décortiquées, du fenouil.
Préparation 30 minutes environ, cuisson comprise

Faire lever les filets par le poissonnier.
Mettre dans une casserole les échalotes hachées
avec le vinaigre et le saint-pourçain.
Laisser réduire jusqu'à ce qu'il ne reste plus que les échalotes.
Mouiller avec la crème fleurette, ajoutez les queues de crevettes.
Laisser cuire encore jusqu'à obtention d'une sauce légèrement épaissie.
Cuire les filets de truite côté peau, pendant 2 minutes,
dans une poêle, de préférence antiadhésive.
Saler et poivrer. Retourner du côté chair
et enlever la peau qui vient très facilement.
Napper une assiette de la sauce,
étaler les filets de truite, décorer de brins de fenouil.
Cette sauce légèrement acide relève la saveur de la truite,
lui donne un goût agréable et la rend facile à digérer.

Les Truites à la vicoise dites du buronnier

Recette empruntée aux vachers du Haut Cantal qui excellent dans sa préparation.

Ingrédients pour 8 personnes
8 truites de 300 g,
quelques lardons, un filet d'huile, du beurre,
du sel, un peu de farine,
du persil et de l'ail hachés.
Préparation 10 minutes ~ Cuisson 10 minutes environ

Vider, laver et bien essuyer les truites, saler et fariner l'intérieur.
Faire fondre quelques lardons dans une poêle avec un peu d'huile.
Lorsqu'ils crépitent, déposer les truites.
Laisser cuire doucement, en retournant de temps à autre,
jusqu'à ce qu'elles soient bien dorées et que la peau se craquelle.
Les retirer du feu et les dresser sur un plat en terre,
saupoudrées de persil et d'ail hachés
et arrosées d'un beurre noisette bien chaud,
avec les lardons.

Le Turbot
au Beurre de campagne

Ingrédients pour 8 personnes
3,6 kg de turbot en filets,
quelques arêtes, 3 oignons, une carotte,
un bouquet garni, sel, poivre,
300 g de beurre de campagne,
5 jaunes d'œuf,
1/2 citron.
Préparation une heure environ, cuisson comprise

Préparer un fumet avec les arêtes, les oignons, la carotte,
le bouquet garni, le sel et le poivre,
le tout recouvert d'eau et mis à cuire une heure environ.
Goûter, rectifier l'assaisonnement, laisser refroidir.
Préparer le poisson le matin même, pour le cuire le soir.
Ranger dans un plat les filets de turbot, repliés sur eux-mêmes
et les recouvrir du fumet,
laisser au frais, jusqu'au moment de les cuire,
compter alors 20 minutes à partir de l'ébullition.
« Clarifier » le beurre,
en le laissant fondre doucement sur le coin du feu, puis écumer.
Mettre les jaunes d'œuf dans une casserole,
avec 1/2 cuillerée à soupe d'eau froide par jaune
et le jus de citron ; saler, poivrer,
fouetter énergiquement, en chauffant progressivement,
la paume de la main doit supporter le contact de la casserole.
Quand l'émulsion devient crémeuse, retirer du feu.
À la louche, incorporer petit à petit le beurre clarifié, en fouettant.
Tenir au chaud dans un endroit tiède,
mais ne jamais mettre au bain-marie.
Égoutter les filets de turbot, les ranger sur un plat
et les napper de sauce, au moment de servir.

Le Sandre au Beurre rouge

Ingrédients pour 8 personnes
8 escalopes de sandre coupées dans un filet et écaillées,
100 g d'échalotes hachées,
1/2 l de côtes-du-rhône, 360 g de beurre,
12 petites tomates, 1/4 l de vinaigre,
320 g de lentilles, 2 anis étoilés, ciboulette.
Préparation et cuisson 20 minutes

Faire réduire dans une casserole les échalotes et le vin.
Lorsque le vin a presque disparu,
ajouter le beurre par petits morceaux, en remuant avec un fouet,
afin d'obtenir une sauce rouge et onctueuse.
Cuire le sandre 10 minutes côté peau.
Porter les petites tomates à ébullition dans le vinaigre.
Présenter dans une assiette
une cuillerée de lentilles
préalablement cuites à l'eau salée, avec les anis étoilés, et égouttées;
y poser le sandre rôti, entouré d'un cordon de sauce rouge,
de petites tomates au vinaigre et décoré d'anis et de ciboulette.
Servir chaud.

La Brandade de Morue à l'auvergnate

Ce plat était surtout servi les jours de fête et pendant les soirées où beaucoup d'amis se réunissaient. Le parfum délicat du poisson marié à l'arôme de l'ail et du persil en faisait un mets particulièrement apprécié des gourmets.

Ingrédients pour 5 personnes
600 g de morue salée, séchée avec sa peau,
500 g de pommes de terre cuites dans leur peau,
150 g d'ail haché.
Préparation 30 minutes ~ Cuisson 25 minutes

La veille, faire dessaler la morue dans de l'eau froide.
La cuire dans une eau frémissante
jusqu'à ce que les arêtes se détachent.
La détailler, tiède, en petits morceaux.
Éplucher les pommes de terre et les couper en rondelles.
Dans une cocotte, mettre une couche de pommes de terre,
une couche de morue avec de l'ail et du persil.
Recouvrir le tout de crème fleurette.
Passer au four à 250 ° (thermostat 8), environ 25 minutes.
Lorsqu'à la surface apparaît une pellicule dorée,
beurrer le tout, attendre quelques instants
et servir bien chaud, en cocotte,
accompagné d'un vin blanc du Fel.
Savouré lentement, ce plat procure joie de vivre et oubli des soucis de la vie.

Le Saumon aux Lentilles et au cantal doux

Ingrédients pour 8 personnes
un saumon d'environ 960 g, avec sa peau,
150 g de mie de pain,
150 g de cantal doux, 150 g de beurre,
320 g de lentilles, 2 l de bouillon de volaille, sauge, quelques anis étoilés.
Préparation 20 minutes ~ Cuisson 45 minutes

Découper le saumon en pavés, en conservant la peau.
Au hachoir, mélanger en une pâte molle et homogène
la mie de pain, le cantal et le beurre.
En couvrir les pavés de saumon du côté chair,
les déposer côté peau dans un plat bien graissé.
Cuire au four à 250 ° (thermostat 8), environ 15 minutes.
Servir sur un lit de lentilles,
préalablement cuites 30 minutes dans le bouillon avec l'anis,
décorer de feuilles de sauge et d'un cordon de jus de viande.
Vos convives garderont de votre table
un souvenir bien gourmand.

Les Lentilles au jus

Cette plante vivace, parsemée de minuscules perles, couvrait l'immense plateau basaltique qu'on appelle « planèze » aux environs de Saint-Flour. Coupée à l'automne, puis battue, elle devenait ce légume riche en fer et en vitamines qui nourrissait la population cantalienne.

Ingrédients pour 6 personnes
420 g de lentilles,
carottes, échalotes, lardons,
beurre, bouillon de volaille, 2 anis étoilés.

Faire une « brunoise » fine
en découpant les légumes en minuscules dés de 1 à 2 cm de côté.
Faire « tomber » les lentilles au beurre,
mouiller avec deux fois leur volume de bouillon de volaille,
ajouter la brunoise, l'anis étoilé,
laisser cuire 30 minutes, à partir de l'ébullition ;
arrêter la cuisson et laisser sur le bord du feu avant de servir.

La purée de Lentilles comme autrefois

Ingrédients pour 6 personnes
420 g de lentilles,
2 l de bouillon de volaille, un morceau de lard,
un bouquet garni, un oignon piqué de 4 clous de girofle, 2 carottes,
2 cuillerées à soupe de beurre de campagne, du jus de viande.

Dans une casserole, mettre le bouillon ou l'eau salée,
le lard, le bouquet garni, l'oignon, les carottes et les lentilles.
Cuire 50 minutes. Égoutter, enlever la garniture, passer au presse-purée,
ajouter du beurre de campagne, remuer.
Servir avec du jus de viande,
en accompagnement de saucisses grillées, de poissons de lac,
ou même de gigot ou de rôti de veau.

Les histoires fantastiques du colporteur

Assis sur le perron de la maison familiale, j'observais avec mélancolie l'horizon que les feux du couchant embrasaient dans une féerie lumineuse.

Patou, mon chien fidèle, était couché près de moi. Je lisais dans son beau regard sincère tout l'amour et toute la tendresse qu'il portait au petit garçon que j'étais alors.

Ça et là, au loin, brillaient de minuscules lueurs, témoins mystérieux de l'existence de villages inconnus, puisque, le jour, aucun signe n'indiquait leur présence.

Je songeais à leurs habitants, imaginant des vies différentes des nôtres, au cours de longues rêveries solitaires auxquelles seuls les enfants ont accès…

Nous étions en juillet, le doux parfum des foins fraîchement coupés parvenait à mes narines, enchantant tout mon être, jusqu'à l'extase, d'une méditation des plus fécondes.

Certains soirs, l'orage grondait. Des éclairs de chaleur – appelés luisance ou « luciades » en patois – illuminaient la campagne, irradiant les cimes des montagnes hérissées de forêts et de burons isolés.

Ce dynamitage céleste retentissait dans toute la vallée, véritable branle-bas de combat des éléments déchaînés.

Un jour, le colporteur arriva chez nous, trimbalant tout son trésor dans une lourde caisse de bois qu'il portait en bandoulière et qui était composée de multiples sacoches.

Il proposa à ma mère d'acheter du fil, des aiguilles, des mouchoirs, de la toile pour confectionner des draps, et bien d'autres choses encore.

Je regardais cet étalage hétéroclite, me demandant comment cet homme pouvait réussir à en transporter autant.

Avec son hospitalité habituelle, ma mère le fit asseoir à notre table familiale et lui offrit un bol de « papes » qu'il dégusta délicatement avec un « bourriol » tiède. Il commença ensuite à nous raconter de drôles d'histoires qu'il avait entendues ou vécues.

« La semaine dernière, Antoine, du Puy Courny, s'est rendu à la foire du village. Il y avait beaucoup de monde. Il assista à la vente de nombreux animaux et, dans cette ambiance de kermesse, s'attarda un peu plus que de coutume à l'auberge pour trinquer avec ses amis.

Il était tard déjà à la vieille horloge mais la nuit n'en finissait pas de se faire attendre.

La lune, impatiente, apparut dans un ciel encore bleu et, sans scrupule, s'installa avant que le soleil lui-même se soit couché à l'horizon.

Après un dernier verre, Antoine prit le chemin du retour.

Il attaqua la côte et arriva vite à l'orée des bois qui ceinturaient la vallée.

C'est alors qu'il vit un agnelet qui bêlait.

La bête se laissa approcher sans crainte, mais ne voulut pas suivre Antoine.

Ce dernier pensa que l'animal avait dû s'égarer et qu'il fallait le remonter au sommet de la colline où se trouvait la ferme de Gustou. Il plaça donc l'agnelet sur ses épaules et entama l'ascension.

Plus il montait, plus l'agnelet lui semblait lourd.

Le pauvre Antoine transpirait et soufflait, mais il se disait qu'il fallait absolument ramener l'agneau égaré au bercail.

Parvenu enfin au sommet, l'homme s'arrêta.

Une voix résonna alors dans le bois : « Gustou, où es-tu donc ? ».

Antoine, effrayé, remit l'animal à terre et il lui sembla voir s'enfuir à toutes jambes une silhouette coiffée du grand chapeau des jours de fête…

Notre brave paysan rentra chez lui et ne souffla pas un mot de cette affaire, de crainte d'être la risée de ses voisins… »

Après une pause, le colporteur reprit et nous conta l'étrange aventure qui se déroula dans un village voisin :

« Une odeur de pain frais flottait à la ferme de Laborie-Haute, invitant chacun à se régaler d'une nouvelle collation en fin de soirée.

Le four avait été allumé très tôt le matin et les tourtes de pain y avaient été cuites, ainsi que la tarte et la « pompe » – parfois le chou farci était aussi du lot –, comme cela est la coutume.

Ces agapes du soir, très riches pour l'occasion, eurent un effet légèrement soporifique et enivrant sur les convives. Tout le monde se coucha et un profond silence envahit la maison.

À minuit, au douzième coup de la pendule, un grand bruit réveilla les dormeurs en sursaut.

Toutes les tourtes de bon pain frais avaient pivoté et roulé vers la porte, qui s'était ouverte par magie, se retrouvant ainsi sur le balcon.

La famille entière eut très peur de cette manifestation surnaturelle.

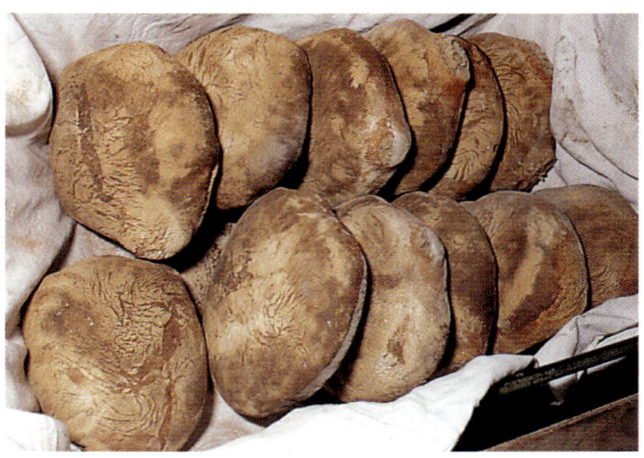

On fit venir le curé qui bénit la maison et les champs alentours. Filou, le chien noir, présent à toutes les scènes de l'histoire, remuait la queue et semblait très intrigué.

Monsieur Magne donna de l'argent au curé afin qu'il dise des messes et toute la famille fut rassurée, ayant grande confiance dans la protection divine.

Autour de la grande table, le soir suivant, chacun des membres de la famille était plongé dans une sorte de rêverie secrète.

Une jarre de lait tiède et une pile de « bourriols » composaient leur dîner.

Ils se couchèrent, quelque peu inquiets, se demandant si les événements bizarres de la veille n'allaient pas se reproduire.

Rien ne se passa mais, à l'aube, le malheureux berger de monsieur Magne frappa à la porte, transi de froid et pleurant.

– « Que t'arrive-t-il ? » lui demanda sa patronne.

– « Madame, toute la nuit quelqu'un m'a jeté une couverture trempée d'eau glaciale, j'en ai encore des frissons ! »

Monsieur Magne prévint à nouveau le curé et ils décidèrent qu'ils dormiraient la nuit suivante auprès du berger, avec le chien. Le soir même, à l'affût, tous leurs sens en éveil, les trois hommes guettèrent ensemble, avec Filou.

Un craquement se fit entendre. Le berger se mit à grelotter.

Le curé sortit son flacon d'eau bénite, la répandit et fit de nombreux signes de croix.

Mais, à la surprise générale, le chien se mit à trembler, s'agitant en tous sens. Le curé versa l'eau bénite directement sur l'animal, lequel poussa un hurlement d'effroi, se sauva dans l'obscurité et personne ne le revit jamais plus dans les parages…

Depuis cette nuit-là, plus aucun événement de ce genre n'eut lieu dans la maison de la famille Magne, de Laborie-Haute. »

Le colporteur s'arrêta pour prendre une pause.

Nous étions suspendus à ses lèvres. Il reprit un peu de « papes » et nous dit :

« Voilà une histoire qui est arrivée lorsque j'étais encore enfant mais je m'en souviens comme si c'était hier. »

Je ne peux pas vous garantir bien sûr que ces faits ont réellement eu lieu. Il fallait en tout cas beaucoup d'imagination à celui qui les racontait…

Après le départ du colporteur, je me couchais en serrant bien fort la petite poupée de laine qui ne me quittait pas et j'eus beaucoup de difficultés à m'endormir. Le lendemain matin, à six heures, un rayon de soleil vint me chatouiller les narines pour me rappeler que mon père m'attendait à la bergerie afin que je l'aide.

Autrefois, dans cette France que l'on ne qualifiait pas encore de « profonde » et, particulièrement dans la Haute-Auvergne, les histoires comme celles du colporteur étaient courantes.

Ce conteur de jadis transportait, en plus de ses marchandises, toutes sortes de nouvelles qu'il glanait le long de sa route.

Je l'écoutais toujours avec grand plaisir et je suis heureux de pouvoir, aujourd'hui, vous faire partager ces légendes d'un autre temps, puisque le progrès semble avoir définitivement chassé de nos campagnes toute manifestation surnaturelle…

À la pêche aux écrevisses

Je me souviens d'un petit ruisseau qui coulait au pied de deux collines. Ses abords étaient remplis d'herbes odorantes qui, à la manière de joyeux mobiles, oscillaient sans cesse sous la poussée de l'eau.

Les éclaboussures de ce courant ornaient les grosses pierres avoisinantes de mille parures aux perles rares.

Les libellules caracolaient en une ronde très animée et leurs ailes soyeuses scintillaient au soleil, formant un arc-en-ciel éclatant aux couleurs les plus sublimes.

Mon père apportait de petits morceaux de tête de mouton et les disposait dans les balances, sortes de plateaux ronds en filet, qu'il plongeait dans des trous creusés par les méandres du ruisseau.

Couchés à même le sol, ma sœur et moi, nous surveillions tous les deux l'arrivée des écrevisses attirées par l'odeur de cette viande.

Les gourmandes venaient se repaître. Mon père soulevait alors d'un geste brusque ces pièges où les crustacés agitaient frénétiquement leur queue pour essayer de s'échapper des mailles diaboliques.

Nous retournions avec cette pêche miraculeuse vers la maison où attendait déjà le court-bouillon.

Parfois, quand les prises avaient été bonnes et que le soleil était encore haut dans le ciel, mon père posait la musette qu'il portait en bandoulière.

Il s'agissait d'une sorte de sacoche en toile de bure très épaisse dans laquelle se trouvait un véritable trésor de victuailles, serrées dans un grand torchon à carreaux.

Il sortait une bouteille de vin rouge et la plaçait à rafraîchir dans l'eau vive qui descendait vigoureusement de la montagne.

Nous suivions du regard le courant en nous demandant où pouvait bien s'arrêter ce flot d'eau si limpide ; c'était là, je m'en souviens, une rêverie bien agréable…

Mon père nous regardait, ma sœur et moi, d'un œil attendri.

Il hochait la tête, sortait son couteau « laguiole » et s'approchait d'un bouquet d'arbrisseaux appelés « vergnes ». Il coupait deux branchettes terminées par une fourche et transperçait de part en part le bouchon de la bouteille au moyen d'une tige de bois pointue, façonnant ainsi un axe.

Il piquait ensuite tout autour du bouchon de petits morceaux de bois qu'il avait aplati avec son couteau, pour former une roue à aubes.

S'approchant du ruisseau, il choisissait une petite dénivellation dans son lit, y plantait les deux branches fourchues et posait dessus le petit moulin de fortune. Sous la chute d'eau, celui-ci se mettait à tourner.

Ébahis, avec ma petite sœur, nous regardions ce moulin miniature, nourrissant pour notre père une reconnaissance et une admiration toutes enfantines.

Venait ensuite l'heure du déjeuner et c'est d'un grand appétit que nous dévorions les provisions apportées dans la sacoche.

Le silence s'installait. Nous regardions le moulin tourner à toute vitesse, bercés par la chanson joyeuse des grillons mêlée au murmure de l'eau.

Parfois nous dormions un peu.

À notre réveil, le soleil avait baissé sur l'horizon.

Mon père rassemblait les restants de notre en-cas bucolique, saisissait son sac où s'agitaient les écrevisses et nous rentrions à la maison en songeant au voyage mystérieux, au fil de l'onde, des petits bâtons de bois que nous avions jeté dans le ruisseau.

Les Écrevisses

Ingrédients pour 5 personnes
25 écrevisses
4 échalotes, un oignon,
une branche de céleri vert, 2 ou 3 carottes,
sauge, thym, laurier, grains de poivre, gros sel.
Préparation 5 minutes ~ Cuisson une heure et quart

Mouiller largement d'eau
les légumes coupés finement et les aromates.
Laisser bouillir environ une heure,
plonger les écrevisses vivantes, après les avoir châtrées,
pour environ 15 minutes de cuisson.
Préparer une mayonnaise.
Présenter les écrevisses sur un lit de persil frisé.
Les déguster encore tièdes,
à l'ombre d'un tilleul centenaire,
sous lequel prendre soin d'étendre un drap,
pour s'asseoir et savourer ainsi ce mets des plus délicats.

L'arrivée du printemps

Quelques plaques de neige restaient encore accrochées à nos montagnes. Le printemps arriva cependant un beau matin sans crier gare.

Des papillons jaunes se mirent à danser un ballet éphémère, aussi gai que gracieux, annonciateur de longues et agréables journées printanières. Au bord des chemins, les violettes tendaient leurs clochettes odorantes vers un ciel resplendissant de clarté azurée.

Les paysans sortaient chèvres et chevreaux pour les faire paitre dans les prés communaux et le long des sentiers. En effet, en Auvergne, l'élevage des vaches constituait un signe de richesse parce qu'il fallait posséder assez de terres pour subvenir à leur nourriture.

La chèvre était considérée en ce temps, comme « la vache des pauvres », car il lui suffisait de brouter de-ci de-là.

À cette époque, le terme de chômage n'existait pas et les malheureux qui n'avaient pas de travail cassaient les cailloux le long des routes au moyen d'une massette, sorte de marteau pourvu d'un long manche. On pouvait donc voir de petits tas de cailloux, bien alignés, qui attendaient au bord des chaussées que ces hommes les répandent. Il s'agissait d'un gagne-pain difficile mais lucratif.

La période pascale approchait. On cuisait alors les œufs avec des épluchures d'oignons, en quantité variable, selon que l'on souhaitait obtenir une couleur claire ou plus ou moins rouge. Ces œufs, ainsi grimés, servaient à l'organisation d'une sorte de chasse au trésor pour les enfants.

Je me souviens être parti, à la nuit tombée, en compagnie de mes camarades, chanter la passion de Jésus-Christ au son d'un accordéon, dans la cour des fermes dont les portes étaient closes et les lumières éteintes.

Aux premières notes de musique, les pièces s'illuminaient et nous étions alors reçus comme des amis. Nous repartions avec une ou deux douzaines d'œufs qui se transformeraient en délicieuses omelettes aux cèpes, aux lardons ou aux croûtons de pain, dont nous nous délecterions ensemble.

Lorsque venait le jour de Pâques, la coutume voulait que chacun revête un habit neuf et se rende ainsi à la messe. Il flottait ce matin-là comme un parfum de renouveau et d'espérance. Un peu de cette gaieté rejaillissait aussi dans les plats servis à cette occasion.

Les Farinettes

Ingrédients pour 12 farinettes environ (une par personne)
6 œufs entiers,
250 g de farine,
125 g de beurre fondu,
1/8 l d'eau,
une échalote, une botte de fines herbes, 3 g de sel,
200 g de crème fleurette, 1/2 sachet de levure.
Préparation et cuisson une heure

Mélanger les œufs, la farine, la levure,
le beurre, la crème fleurette, le sel, l'eau,
les fines herbes et l'échalote hachées,
pour obtenir une pâte
avec laquelle confectionner des crêpes épaisses.
Dans une poêle beurrée,
étendre une louche de pâte.
Cuire d'un côté, puis retourner à la spatule.

Ces farinettes peuvent être servies avec différentes garnitures
des plus rustiques aux plus raffinées.

La pêche aux grenouilles

Un écrivain célèbre décrivait l'Auvergne comme une « belle endormie ». Le modeste cuisinier que je suis la verrait plutôt comme une belle inconnue, rendue timide par toutes les beautés qu'elle recèle…

Je songe, par exemple, à cette heure magique où le ciel se teinte des rougeoiements du crépuscule, quand le soleil jette sur la terre l'assaut de ses derniers rayons, comme si l'astre voulait posséder à tout jamais notre planète : quel spectacle grandiose, inoubliable !

Puis, la lune entre en scène : ronde, pleine, triomphale.

Elle investit l'immensité bleue de l'espace céleste, en toute quiétude, escortée par une multitude de lucioles. Enfin, dans cette féerie nocturne, éclosent en silence des milliers d'étoiles.

L'obscurité se pose délicatement sur la campagne, la nuit arrive.

Et pour l'oreille attentive, une drôle de chanson se fait parfois entendre aux environs des mares ou des rivières : c'est le coassement des grenouilles qui s'élève dans le calme des ténèbres. Ce concert est accompagné de la senteur si particulière de la terre mouillée dont les effluves chatouillent les narines du pêcheur, comme un parfum enivrant de femme.

C'était par une de ces nuits extraordinaires que mon oncle décidait la grande expédition de la pêche aux grenouilles.

Après avoir enfilé des bottes et une veste chaude, nous partions, équipés de sacs de jute, en direction des plateaux qui surplombent la vallée. Nous devinions, disséminées de-ci de-là, des taches d'une grande blancheur au milieu des immenses pâturages : c'était là les vestiges de l'hiver, quelques plaques de neige rescapées des premières chaleurs.

Bientôt nous apercevions de petites lueurs, qui, comme des feux follets, s'agitaient en tous sens. D'autres pêcheurs, armés de torches électriques, venaient comme nous, à la recherche d'une colonie de batraciens qu'ils espéraient la plus nombreuse possible. Près d'une mare, de petites boules blanches foisonnaient, semblables à des bulles de savon.

« Les voilà ! Elles sont là, ouvre le sac ! » me glissait mon oncle à l'oreille. Il se penchait, fouillait l'eau terreuse et ressortait une à une les grenouilles qui gigotaient.

Au bout d'une heure de cette activité, notre sac était rempli à moitié des pauvres bestioles dont certaines continuaient à coasser malgré leur captivité. Satisfaits de ce butin, nous repartions vers l'auberge du village, sur la place, où de nombreux clients étaient venus se réconforter après leur pêche nocturne. L'ambiance était à la fête.

Après nous être copieusement restaurés, nous regagnions la maison familiale. C'était alors que commençait le dépeçage.

Après avoir coupé la tête de la grenouille avec une hachette, mon oncle, d'un geste vif, finissait de la « déshabiller ». Il ne restait plus que les membres inférieurs et une partie de l'abdomen. Puis, à l'aide de ciseaux, mon père coupait l'extrémité des pattes pour enlever les griffes qui maintenaient la palme.

Le lendemain nous pouvions apprécier ce plat très recherché : des cuisses de grenouille parsemées d'ail et de persil.

De nos jours, cette pêche est prohibée, car les grenouilles sont une espèce protégée. Seule la vente de grenouilles d'élevage ou congelées est autorisée pour les gourmets qui souhaitent se régaler de ce mets dont nos amis de Grande-Bretagne se sont si souvent scandalisés…

Les Grenouilles à l'auvergnate

Ingrédients pour 8 personnes
80 belles cuisses de grenouille,
80 g de farine, 40 g de beurre,
50 g d'ail haché, 20 g de persil,
le jus d'un demi-citron,
un peu d'huile, des rince-doigts.
Préparation 15 minutes ~ Cuisson 10 minutes

Mettre un peu d'huile dans une poêle ;
dès qu'elle est chaude, y jeter les cuisses farinées
jusqu'à ce qu'elles dorent.
Ajouter alors le beurre, la persillade et le jus de citron.
Verser dans un plat
et déguster avec les doigts.

La Noisette d'Agneau à la crème d'Ail

L'agneau d'Auvergne est très prisé pour la qualité de sa chair ; les herbages fleuris de la montagne lui donnent un goût particulier en parfumant sa viande.

Ingrédients pour 3 personnes
1,2 kg de côtes d'agneau désossées, découpées en tronçons de 200 g,
15 g d'ail, 4 bottes de jeunes radis ou 3 de jeunes carottes, 20 g de beurre,
10 g de farine, 1/4 l de crème fleurette, 1/4 l de bouillon de volaille,
une cuillerée à café de concentré de tomates, quelques feuilles de mâche.
Préparation 30 minutes ~ Cuisson 40 minutes

Confectionner un roux, avec le beurre fondu, la farine et le bouillon.
Ajouter l'ail, préalablement cuit 15 minutes dans du lait,
égoutté et grossièrement écrasé, puis le concentré de tomates.
Mixer, passer au chinois et tenir au chaud.
Cuire l'agneau, arrosé d'huile, salé et poivré, 7 minutes à four 250 ° (th. 8).
Au sortir du four, laisser la viande reposer 7 à 8 minutes,
enveloppée d'une feuille d'aluminium.
Couvrir de sauce le fond des assiettes chaudes,
disposer en rosace l'agneau, découpé en médaillons,
décorer des feuille de mâches, accompagner de radis ou de carottes,
préalablement cuits 20 minutes à l'eau salée, égouttés et sautés au beurre.
Servir sans tarder cette viande délicate,
très parfumée, imprégnée de la saveur de l'ail.

La ferme des oies maigres

En Auvergne, les routes serpentent, ce qui ne les empêche pas d'être agréables et attachantes, bien au contraire. Avec un ami, nous étions partis à travers nos belles montagnes, déjà pittoresques à l'aube du printemps. Les bois avaient revêtu leurs habits neufs, dont les teintes se déclinaient du vert tendre au vert foncé, mouchetées çà et là de petites taches blanches, bouquet naturel que nous offraient les arbres fruitiers sauvages.

Nous arrivâmes sur un plateau, avec à l'horizon les crêtes arrondies qui témoignaient de la présence mystérieuse des anciens volcans. Les coulées de lave avaient été remplacées par les vagues jaunes d'or des fleurs de pissenlits, des renoncules et de genêts qui poussent en abondance dans ces hauteurs où la végétation semble avoir investi tout l'espace.

Quelques vaches « salers » paissaient dans les champs, s'arrêtant de brouter pour venir amicalement à notre rencontre. Elles restaient derrière les fils de fer barbelés et nous dévisageaient en se demandant sûrement pourquoi des intrus venaient ainsi troubler leur tranquillité.

De très jeunes veaux, nés depuis à peine quelques jours, gambadaient sans se soucier de notre présence.

Puis après un virage serré, une ferme typique s'offrit à notre regard. Tout près, un ruisseau coulait en cascades, projetant de joyeuses éclaboussures dont le rayonnement magique composait parfois un véritable arc-en-ciel.

Une multitude de volailles occupait la cour de cette ferme ; à notre approche, poules, canards, poussins, pintadeaux se mirent à courir dans notre direction.

Le bâtiment cossu, bien campé sur ses solides murs de pierre, possédait un toit couvert de lauzes où de très vieilles fenêtres, témoignaient d'une époque révolue.

La porte basse rappelait qu'autrefois elle était un moyen de défense car le visiteur, pénétrant courbé dans le logis, se trouvait en état d'infériorité face au maitre de céans.

Sur la façade de cette magnifique bâtisse auvergnate, trônaient des médaillons de fer, vestiges des nombreux trophées gagnés lors des comices agricoles. Les fermiers, sur le pas de la porte, nous invitèrent, avec beaucoup de chaleur, à pénétrer dans une grande salle voûtée ornée d'une cheminée imposante qui semblait toute prête à réchauffer les visiteurs.

La société de consommation avait cependant fait irruption dans cet univers rural : machine à laver, télévision et minitel nous rappelaient que nous étions bien au XXe siècle. Ainsi ces agriculteurs isolés souhaitaient garder leur identité profonde tout en profitant des derniers progrès techniques.

Après avoir partagé le traditionnel casse-croûte, nous saluâmes nos hôtes et continuâmes la visite de ce domaine agricole où le temps semblait s'être arrêté.

Dans le silence du fond des âges des hauts plateaux, des cris stridents attirèrent notre attention.

Dans un pré, majestueuses, trois oies venaient à notre rencontre en se dandinant, bien décidées à nous chasser. Agressives, l'œil courroucé, le cou tendu, ces volatiles semblaient régner en maitresses absolues.

Souvent au nombre de quatre ou cinq dans les fermes auvergnates, elles ne sont pas engraissées comme dans le Périgord, mais nourries d'herbe, de pâté de son ou de pain.

À l'automne, à l'approche des mauvais jours, les Auvergnats aiment à se rencontrer autour d'une grande table de ferme pour s'y régaler d'une fricassée de ces oies qu'on appelle « maigres ».

La fricassée d'Oie de la Marie

Ingrédients pour 9 à 10 personnes
une oie « maigre », en morceaux,
3 oignons piqués de 3 clous de girofle, 3 carottes,
un bouquet garni avec beaucoup de laurier (ce goût doit prédominer),
1 cuillerée à soupe de graisse d'oie, 2 de farine,
4 l de bouillon de volaille, 400 g de riz.
Préparation une heure ~ Cuisson une heure et demie à deux heures

Faire revenir les morceaux d'oie, avec les oignons et les carottes,
« singer », en saupoudrant de farine.
Faire cuire une heure à une heure et demie,
dans le bouillon, avec les aromates.
Goûter, pour apprécier la cuisson,
jeter le riz, ajouter si nécessaire du liquide pour recouvrir le tout,
laisser cuire 25 minutes de plus.
Présenter dans un grand plat posé au centre de la table,
pour que chacun se serve.

La fricassée de Chevreau aux Girolles

Ingrédients pour 6 personnes
1,2 kg de chevreau, en morceaux,
300 g de girolles,
2 oignons, une gousse d'ail,
persil, thym, laurier, céleri en branche, carottes,
20 cl de crème épaisse, un jus de citron,
80 g de farine, 80 g de beurre,
sel, poivre.
Préparation 15 minutes ~ Cuisson 45 minutes

Faire dorer les morceaux de chevreau dans une poêle bien chaude.
Dans une sauteuse, faire revenir la garniture aromatique,
ajouter les morceaux de chevreau et le filet de citron.
« Singer », en saupoudrant de farine.
Mouiller à l'eau.
Laisser mijoter 45 minutes.
Faire revenir rapidement les girolles, les égoutter.
Décanter le chevreau (retirer la garniture aromatique).
Rectifier l'assaisonnement.
Ajouter la crème et les girolles.
Savourer.

Morilles
et salade de saison

Les débuts du printemps, c'est la période où les prés verdissent et où nous commençons à ramasser les pissenlits. Ces derniers se dégustent en salade avec de l'huile de noix.

On goûte cependant au mieux ce plat avec de l'huile de faine, le petit fruit hérissé du hêtre. Les amateurs connaissent en effet le parfum fruité singulier de cette huile à la couleur mordorée.

Lorsqu'elle accompagne les pissenlits avec quelques petits lardons très chauds, elle offre aux papilles un goût et un plaisir inégalables.

C'est aussi à pareille époque que les morilles viennent garnir le panier de ceux qui savent deviner leurs pointes à l'orée des bois et le long des haies de frênes. Ces champignons rares ont une saveur si accentuée qu'on peut les faire sécher et les consommer tout au long de l'année notamment avec les viandes en sauce.

Beaucoup de repas se terminaient autrefois par un dessert particulier appelé les « pescasoux », sorte de crêpes, crêpes fines, crêpes dentelle.

Tous ces délices constituent la richesse gastronomique de l'Auvergne, terroir où l'on sait aussi bien se tenir en amitié qu'à table et où la joie de vivre est toujours de mise.

Les Pissenlits aux Lardons

Ingrédients pour 8 personnes
2,4 kg de pissenlits,
500 g de lardons (pas trop salés),
3 cuillerées d'huile (de noix ou de faine),
2 cuillerées à soupe de vinaigre, de cidre de préférence.

Faire sauter les lardons.
déposer les pissenlits dans un saladier.
Préparer une vinaigrette,
la jeter par-dessus les lardons bien chauds.
Repasser, très rapidement, le tout à la poêle
et remettre dans le saladier,
prêt à consommer.

Les Morilles à la Crème

Ingrédients pour 8 personnes
800 g de morilles,
1/2 l de crème fleurette,
30 g de beurre,
30 g de farine.

Couper les morilles et les laver à grande eau.
Les faire sauter à la poêle avec une noisette de beurre.
Dès qu'elles rendent leur eau, les égoutter.
Faire un roux, ajouter l'eau d'exsudation et la crème fraîche.
Laisser réduire jusqu'à obtention d'une sauce épaisse,
ajouter les morilles, saler, poivrer.
Déguster avec recueillement.

L'Omelette aux Morilles

Ingrédients pour 8 personnes
400 g de morilles, 15 œufs

Couper les morilles en fines lamelles et les laver à grande eau.
Faire fondre le beurre dans une poêle antiadhésive,
y jeter les morilles, dès qu'elles rendent leur eau, les égoutter.
Casser les œufs, les battre énergiquement,
les verser dans la poêle avec les morilles.
Cuire en remuant,
faire glisser l'omelette repliée dans un plat.
Manger très chaud.

La grande fête du battage

L'époque des moissons, c'était un dur travail, mais c'était aussi la fête tous les jours, dans chaque ferme. Cette grande manifestation campagnarde était l'expression même de la richesse : pain, blé, vin, fromage. La vie s'exprimait partout à profusion.

La batteuse arrivait par un clair matin d'été.

Une paire de bœufs tirait les machines.

Deux hommes se consacraient entièrement à les faire fonctionner.

Ils avaient la charge de caler et de surveiller la marche de ces énormes appareils qui servaient à extraire le grain des épis.

La solidarité, en ce temps-là, était très importante : les villageois s'aidaient les uns les autres.

Chacun se rendait chez son voisin et c'était l'occasion de faire la fête.

Il faisait souvent très chaud en ces belles journées d'été.

On se réunissait alors, autour de grandes tablées dressées dans la cour de la ferme, pour déguster une fricassée de chevreau aux girolles ou une poularde à la crème avec du riz.

La Poularde à la Crème avec son Riz

Ingrédients pour 8 personnes
une poule de 1 kg à 1,4 kg,
4 carottes, une branche de céleri, 2 poireaux,
un oignon piqué de clous de girofle,
60 g de farine, 60 g de beurre, 250 g de crème fraîche,
un cube de bouillon de volaille pour corser le goût,
300 g de riz.
Préparation 30 minutes ~ Cuisson deux heures et demie

Vider la volaille, la plonger dans un faitout avec la garniture,
laisser cuire une heure à une heure et demie.
Quand les cuisses se détachent, la cuisson est parfaite.
Dans une casserole, faire un roux avec la farine et le beurre.
Ajouter un litre de bouillon
et laisser bouillir jusqu'à épaississement.
Ajouter la crème, saler et poivrer à la demande.
La sauce est prête.
Mesurer le riz, mettre le double de son volume en bouillon,
laisser cuire 25 minutes.
Disposer le riz dans le plat,
les morceaux de poule sur le dessus,
napper de sauce et servir.

Les Tripoux de Vic dits du Bailliage

Les tripoux sont un plat typiquement cantalien et je dirais même vicois puisqu'il a été élaboré à l'intention de la reine Margot qui séjournait souvent dans notre commune qu'elle affectionnait particulièrement, comme le dit la légende.

Ingrédients pour 6 personnes
Farce : fraise de veau, oignons, persil, sel, poivre et épices.
Panse de mouton, un bouillon de couenne de porc, un petit verre de cognac.
Préparation une heure ~ Cuisson quatre heures

Hacher finement la fraise de veau, les oignons, et le persil,
saler, poivrer et épicer.
Puis envelopper des petits tas de farce
dans autant de poches découpées dans la panse de mouton et cousues.
Mettre à cuire au court-bouillon durant quatre heures.
Servir avec des pommes vapeur abondamment parsemées de persil,
parfois agrémentées d'un petit verre de cognac.

La fabrication traditionnelle de ce mets original
se perpétue de nos jours à Saint-Flour.
Une variante, appelée « Roudoulou », s'accommode à la sauce tomate
et offre une saveur tout à fait différente des véritables tripoux vicois.

La Daube de Bœuf

Ingrédients pour 8 personnes
2 kg de bœuf dans le gîte, en petits morceaux, 4 oignons, 2 carottes, 3 gousses d'ail, bouquet garni, 1 ou 2 l de côtes-du-rhône, 2 cuillerées à soupe de farine, un verre de vinaigre de vin.
Préparation 40 minutes ~ Cuisson une heure et demie à deux heures

Mettre, dans un plat en terre, la viande, les oignons, les carottes en rondelles, le bouquet garni, le sel, le poivre et les épices, recouvrir de vin et de vinaigre. Laisser mariner une nuit.
Dans une cocotte bien chaude, faire revenir carottes et oignons. ajouter les morceaux de viande, égouttés et revenus à la poêle, la farine et bien remuer ; verser le vin, remuer à nouveau.
Cuire une heure et demie à deux heures au four, en surveillant que le liquide ne s'évapore pas trop vite.
Vérifier l'assaisonnement, servir bien chaud, avec une persillade, des carottes ou des pommes de terre vapeur.

Poulet à la soupière sous sa croûte

À la ferme, il y avait toujours un poulet qui se distinguait des autres : pattes longues, crête naissante rouge vif, plissée comme un jabot, œil agressif. C'est celui-là que ma tante choisissait pour finir dans sa casserole.

Ingrédients pour 8 personnes
un poulet prêt à cuire de 1,2 kg environ, 150 g de beurre, 2 cœurs de chou frisé, 160 g de petits pois, 100 g de haricots verts, 60 g de navets, 60 g de carottes, 2 échalotes, 2 morceaux de sucre, sel, poivre, 250 g de pâte feuilletée.
Préparation 50 minutes ~ Cuisson une heure

Mettre le poulet dans une soupière pouvant aller au four (ou une cocotte), entouré de tous les légumes coupés en petits morceaux.
Beurrer généreusement, saler, poivrer et sucrer.
Fermer hermétiquement avec une mince abaisse de pâte feuilletée.
Mettre une heure au four à 210 ° (thermostat 7) et 40 minutes à four éteint.
Présenter dans le plat de cuisson, accompagné des légumes.

De l'auberge au château, itinéraire d'un gourmand

Jadis, l'Auvergne était très riche en petites auberges ; le plus modeste des villages possédait cet indispensable commerce, où chacun venait s'asseoir pour passer un moment agréable et oublier les vicissitudes de l'existence.

Je me souviens surtout du « Relais de Poste » que mes grands-parents ont tenu pendant de longues décennies.

À l'époque, les diligences y faisaient halte et cochers et voyageurs s'y restauraient allégrement.

Mon père avait vu s'y arrêter les premiers autobus qui desservaient la ligne Aurillac-Mur de Barrez. Ces véhicules possédaient alors des roues de bois cerclées de fer.

La galerie à l'impériale croulait sous les colis de toutes formes, que mes grands-parents gardaient en dépôt et que les destinataires venaient récupérer, car n'existaient ni facteurs ni services de distribution.

Située à la sortie d'un tournant, l'auberge était inévitable.

Aujourd'hui, ce solide bâtiment se dresse toujours fièrement sur le bord de la route, mais ce n'est plus une auberge.

L'écurie et la grange adossées à la bâtisse principale lui donnaient un caractère imposant. Au sous-sol, l'étable était occupée par quelques vaches, dont Marquise, la Blonde et la Belle…

Tout autour s'étendait un magnifique verger. De nombreux cerisiers chargés de gros bigarreaux étaient au service des talents culinaires de ma grand-mère, qui confectionnait force clafoutis ou « millards ».

Le jardin attenant faisait l'objet de soins attentifs et des légumes très variés y poussaient.

Le petit garçon que j'étais s'émerveillait devant une vigne qui grimpait le long du mur et donnait des grappes de raisin au goût légèrement acidulé. Je disputais leur dégustation à des hordes de grives et de merles qui aimaient eux aussi se délecter de ces fruits gorgés de soleil estival.

Des pêchers comblaient également ma gourmandise. Leurs petits fruits couverts d'une peau duveteuse embaumaient ce verger paradisiaque de leur parfum doux et sucré.

Le souvenir de ces saveurs subtiles hante encore mes papilles et me donne envie de les retrouver.

Un petit chemin bordé de noisetiers et d'orties était fréquenté, chaque soir, par des bataillons de vers luisants.

J'observais, rempli de curiosité, ces minuscules lumignons qui, dès que je les saisissais dans mes mains, s'éteignaient.

À l'horizon, se profilait un château massif. Ses hautes tours semblaient veiller sur le village.

La demeure était occupée par un général et toute sa famille.

À leur service s'affairaient une cuisinière, un jardinier et un majordome ; ce dernier nous donnait l'impression de surveiller constamment tout ce qui se passait aux alentours du domaine.

Nous étions tous pleins d'admiration pour cette famille qui représentait la noblesse. Le général possédait aussi une très grande ferme aux environs.

Les paysans qui l'exploitaient ravitaillaient les châtelains en produits du terroir. Une centaine de vaches à la robe acajou et aux cornes en forme de lyre paissaient dans les près et nous regardaient avec sympathie, quand nous empruntions les sentiers longeant les nombreuses prairies du général.

Je rendais parfois visite à la cuisinière du château et ma gourmandise était mise à rude épreuve les jours de réception.

En effet, députés, maires et personnalités importantes du département étaient souvent reçus au château.

Baptistine, la cuisinière, tout comme Antonin, le cuisinier de notre auberge, se mettait en quatre pour recevoir ces invités de grande marque.

Pour les régaler, le filet de bœuf aux girolles était de rigueur.

Le jardinier partait donc cueillir ces délicieux champignons.

Il prenait un petit chemin qui rejoignait le plateau et, à l'orée du bois, découvrait de minuscules taches jaunes disséminées par-ci par-là, dans les fourrés ; les précieuses petites trompettes semblaient attendre, en ces lieux secrets, le souffle magique de quelque musicien pour signaler leur arrivée sur cette féconde terre auvergnate.

Elles s'offraient à la cueillette jusqu'à l'automne, si la pluie et le soleil réussissaient à s'accorder dans un ballet harmonieux pour favoriser leur croissance.

Le jardinier, tenant à son bras un panier bien garni, regagnait le château, le visage réjoui par le sentiment si plaisant du devoir accompli.

Je me souviens aussi, qu'un soir, tous les jeunes gens du village devaient se réunir pour fêter le troisième mariage d'une veuve, surnommée la « Chevronnière », qui habitait une petite maison à la sortie du bourg.

En effet, la coutume de l'époque voulait que l'on fasse beaucoup de bruit autour de la maison de la future mariée afin d'être invité.

Cela s'appelait « faire un scarabin ».

La « Chevronnière » en question se trouvait être une femme acariâtre et très avare qui avait acquis une certaine fortune de ses défunts maris.

Pierrounel avait installé une échelle allant jusqu'à la cheminée.

Par cet orifice il versa un sac entier de gros sel qui provoqua un véritable feu d'artifice en tombant sur les flammes de l'âtre.

Au son du violon de Toinou, les autres joyeux lurons brûlèrent un épouvantail symbolisant la « mangeuse d'hommes ».

Comme elle n'ouvrait toujours pas sa porte, le violoniste redoubla d'effort et l'on se mit à frapper sur des casseroles.

Se décidant enfin, la « Chevronnière » apparut sur le seuil et laissa entrer ces bruyants « invités ».

Malgré son avarice, elle s'était préparée à les recevoir : la grande table de bois était couverte de victuailles et, dans les tiroirs de chacune des extrémités, de grosses tourtes de pain avaient été disposées pour satisfaire l'appétit des fêtards.

Les jeunes se mirent à danser, à chanter, mangèrent et burent beaucoup.

Au petit matin, chacun regagna sa maison, repu et satisfait d'avoir passé une pareille soirée.

Bien entendu, on souhaita beaucoup de bonheur à la future épouse qui referma sa porte pour un court repos avant la cérémonie.

Dans nos campagnes, depuis des générations, ce genre de réjouissances a laissé des souvenirs inoubliables.

Aujourd'hui, ces traditions ont disparu.

Ce n'est pas sans nostalgie que ceux qui les ont connues en parlent.

Ces pratiques bon enfant favorisaient la convivialité et l'amitié entre les habitants d'un même village.

Il est bien triste de constater, qu'en fait, de nos jours, rien ne remplace vraiment ces fêtes traditionnelles…

Le Pounti

Cette recette régionale qu'on connaît aussi sous le nom de « pountari » a de nombreuses variantes, plus ou moins riches.

Ingrédients pour 6 personnes
200 g de restes de viande (rôti de porc de préférence)
1/2 l de lait, 6 œufs, 300 g de farine, un paquet de levure,
un oignon, un bouquet de persil, une feuille de carde,
200 g de pruneaux mis à tremper la veille dans l'eau.
une tranche de lard,
Préparation 30 minutes ~ Cuisson une heure

Passer au hachoir la viande, le persil, la carde, le lard et l'oignon.
Ajouter les œufs, la farine, la levure,
puis le lait et les pruneaux en malaxant pour obtenir un mélange fluide.
Beurrer un moule et en garnir le pourtour de fines lamelles de lard,
pour favoriser la cuisson et la coloration,
avant de verser la préparation.
Mettre à cuire pour une heure au four 180 ° (thermostat 6).
Manger chaud, au sortir du four
ou en tranches passées à la poêle au beurre.

Le sauté de Veau à la façon de la Nanette

Ingrédients pour 5 personnes
800 g d'épaule de veau ou de tendrons (dans la poitrine), désossés et coupés en morceaux,
50 g de beurre, une cuillerée à soupe d'huile, 1/4 l de crème fraîche,
1/4 l de vin blanc sec, saint-pourçain de préférence,
une mirepoix de légumes, un bouquet garni, sel, poivre.
2 cuillerées à soupe de concentré de tomate, 100 g de cèpes séchés.
Préparation une heure ~ Cuisson une heure

Laisser tremper les cèpes dans de l'eau durant une heure.
Dans une cocotte, faire chauffer l'huile et le beurre, y jeter la mirepoix pour qu'il commence à cuire doucement,
puis la viande préalablement assaisonnée et dorée à la poêle.
« Singer », en saupoudrant de farine,
ajouter le vin, le bouquet garni, le concentré de tomate et les cèpes.
laisser cuire une heure, la sauce va se lier. Goûter.
Au dernier moment ajouter la crème, rectifier l'assaisonnement si besoin.
Servir chaud avec des croûtons de pain frits à l'huile,
accompagné de pâtes ou de pommes vapeur.

Les Ris de Veau

Les ris, les plus intéressants des abats de boucherie, entrent dans les préparations les plus riches. Cette glande, le thymus, située devant la trachée, n'est développée que chez les jeunes animaux, notamment le veau.

Ingrédients pour 4 personnes
2 ris de veau bien blancs de 500 à 800 g, 30 g de morilles sèches,
1 l de bouillon de veau (jarret ou queue), carottes, poireaux,
1/4 l de vin blanc sec, 80 g de farine, 80 g de beurre, un demi-verre de cognac,
1/4 l de crème fraîche, 2 gros oignons, un bouquet garni.
Préparation une heure ~ Cuisson une heure

La veille, faire dégorger les ris, longuement à l'eau courante, les égoutter,
les « blanchir » en éliminant peaux et parties graisseuses.
Dans une cocotte, faire blondir au beurre, oignons émincés et ris.
Arroser de cognac, flamber,
mouiller avec le bouillon, le vin blanc, ajouter le bouquet garni.
Laisser cuire environ 25 minutes au four à 250 ° (thermostat 8).
Le ris doit être moelleux et non élastique.
Faire un roux avec le beurre fondu et la farine.
Hors du feu, ajouter 75 cl de l'eau de cuisson des ris,
laisser cuire doucement encore 20 minutes. Incorporer la crème,
goûter, assaisonner, ajouter les morilles égouttées,
préalablement cuites une heure et demie dans de l'eau salée.
Verser cette sauce sur les ris, laisser mijoter 10 minutes.
Servir avec des tranches de pains rissolées
ou des fleurons en feuilletage vendus en pâtisserie.

Les Tartelettes gourmandes aux Cèpes

Ingrédients pour 8 personnes
8 moules à tartelettes antiadhésifs,
1,6 kg de grosses pommes de terre,
1,2 kg de cèpes,
3 cuillerées à soupe d'huile de noix,
un bouquet de fines herbes,
1/4 l de jus de viande.
Préparation 15 minutes ~ Cuisson 30 minutes

Tapisser le fond des moules
de tranches de pommes de terre se chevauchant.
Faire juste sauter les cèpes avec l'huile de noix. Saler et poivrer.
Ajouter la moitié du bouquet de fines herbes hachées,
en garnir les tartelettes,
les passer au four à 180 ° (thermostat 6), pendant 30 minutes environ.
Démouler sur une assiette.
Servir avec un cordon de jus de viande et quelques brins de fines herbes.

Le goût de l'huile de noix se marie très agréablement avec celui du cèpe.

Le Gigot de ma tante Lisette

Ingrédients pour 8 personnes
un bon gigot paré et désossé,
1,6 kg de pommes de terre, 5 petites carottes, 3 navets,
2 oignons, une branche de céleri très vert,
un bouquet garni (persil, laurier, thym),
du persil, une poignée de câpres.
Préparation 30 minutes ~ Cuisson 30 minutes par kilo

Dans une cocotte, coucher le gigot,
sur un lit de pommes de terre coupées en fines tranches,
ajouter les oignons, les carottes, le céleri et les navets coupés en petits dés,
puis le bouquet garni.
Noyer d'eau salée (10 g par litre). Porter à ébullition,
puis laisser cuire doucement à frémissement du liquide,
en comptant qu'il faut 30 minutes par kilo.
Présenter le gigot égoutté, avec du persil haché et des câpres,
entouré des légumes, même un peu écrasés.
Savourer alors ce gigot moelleux et parfumé.

Le filet d'Agneau farci

Ingrédients pour 8 personnes
un carré d'agneau de 16 côtelettes,
60 g de beurre, 3 cuillerées d'huile d'olive,
3 échalotes, thym, laurier, sel, poivre,
260 g d'épinards, une poignée d'oseille,
3 gousses d'ail, un bouquet de persil,
300 g de mie de pain rassis, 350 g de jambon cuit, 2 œufs.
Préparation une heure ~ Cuisson 30 minutes

Laver les épinards et l'oseille,
les jeter dans une marmite d'eau bouillante salée,
laisser cuire 10 minutes.
Après ébullition, rafraîchir et égoutter.
Hacher le tout, mettre dans une terrine,
ajouter le pain et les œufs battus, laisser reposer 20 minutes.
Garnir le carré d'agneau désossé de la farce, le rouler et le ficeler,
puis le poser dans un plat, avec les échalotes, le thym et le laurier.
Enduire copieusement de beurre.
Laisser cuire 30 minutes en arrosant souvent.
Servir avec une botte de cresson ou des pommes sautées.

Le filet de Bœuf en fête

En Auvergne, c'est le plat servi dans les repas riches. La girolle, appelée aussi « chanterelle », pousse en colonie dans les forêts de pins ou de hêtres et sa cueillette s'effectue de juin à octobre. Ce champignon, en forme de trompette jaune d'or, accompagne viandes et œufs et peut aussi être servi cru, en salade.

Ingrédients pour 8 personnes
800 g de filet de bœuf,
800 g de girolles (ou de morilles) et un peu d'huile,
2 cuillerées à soupe de jus de veau lié, 1/2 verre à liqueur de madère,
une grosse noix de beurre, 2 gousses d'ail, des échalotes, 30 g de persil.
Préparation une heure
Cuisson de la viande 15 à 20 minutes par 500 g ~ Cuisson des girolles 5 minutes

Laver rapidement les girolles, couper la partie terreuse ;
à feu doux, à la poêle, leur faire rendre leur eau, dans l'huile chaude.
Égoutter et conserver l'eau de sudation (1/2 l).
Faire dorer le filet des deux côtés, à feu vif, mettre au four à 220 ° (thermostat 7).
Enlever le rôti, le laisser reposer dans un plat, sur une assiette retournée,
couvert d'un linge pour qu'il reste chaud.
Faire réduire, puis dégraisser le jus de cuisson,
déglacer avec l'eau des girolles,
enrichir du jus de veau et du madère, faire réduire à nouveau légèrement.
Ajouter les girolles préalablement sautées à la poêle dans le beurre chaud,
avec l'ail, les échalotes et le persil finement hachés, du sel et du poivre.

Une noce auvergnate d'autrefois

Mon oncle Joseph allait se marier. J'avais tout juste six ans et ces épousailles devaient considérablement marquer ma mémoire d'enfant.

La jeune mariée était parisienne ; elle avait connu Joseph durant un séjour auvergnat. Elle était douce et avait parfois à mon égard quelques aimables attentions qui me faisaient rougir de plaisir.

Je crois bien que j'étais un peu jaloux car j'aurais bien aimé être le seul petit protégé de cette dame si charmante.

Septembre pointait alors le bout de son nez. Autour de notre maison, les vaches paissaient encore dans les champs. Les étourneaux et les corbeaux se battaient sur la terre fraîchement labourée après les dernières cultures.

Depuis quelques jours, les hommes avaient vidé la grange de tout le fruit des fenaisons.

Des draps furent tendus sur les murs. Les mains habiles des femmes vinrent les garnir de fleurs multicolores, ce qui créait un air de fête, car le repas de mariage aurait lieu au cœur du bâtiment.

Des tréteaux furent dressés sur lesquels on disposa également des draps. Sur cette nappe improvisée, on plaça une guirlande de lierre agrémentée de nombreuses fleurs des champs.

À cette époque, il était en effet de coutume que gens de condition modeste et paysans organisent les agapes nuptiales dans une grange aménagée en salle très imposante, avec une charpente aux grandes poutres apparentes. De nos jours, dans les milieux aisés, les repas de mariage se déroulent parfois, comme un semblant de retour aux traditions, dans des locaux du même genre, mais il faut pour cela payer très cher.

L'accueil des invités aux noces de Joseph commença de bonne heure.

Dès neuf heures, les femmes avaient posé sur les tables des « fouaces », appelées communément « pompes », des tartes aux pruneaux, du vin blanc et du café.

Marcel, l'accordéoniste, personnage très important de par son rôle et sa carrure, se mit à faire danser ses doigts sur les touches de son instrument, suivi bientôt par Félixou, le « cabrettaïre ».

Des couples se formèrent et esquissèrent avec entrain les premiers pas de bourrée. Ils s'arrêtaient parfois pour boire et pour manger.

Marcel, lui, sa cigarette maïs au coin des lèvres, jouait sans interruption.

Quand tous les invités furent arrivés, le cortège se forma.

En compagnie d'une petite cousine, j'avais le grand honneur de tenir la traîne de la mariée.

Marcel et Félixou en tête, précédant la mariée au bras de son père, nous partîmes tous par le chemin menant à l'église.

Le clapotis des fontaines et le chant des merles nichés dans les noisetiers, nous accompagnèrent, comme si la nature souhaitait s'associer à la musique entraînante de l'accordéon et de la cabrette.

Ce jour-là, le soleil brillait très haut dans un ciel limpide.

La chaleur faisait perler de minuscules gouttes de sueur sur le front des invités, tous vêtus de la manière la plus élégante possible à cette époque. Les dames portaient de grands chapeaux fleuris et lorsqu'elles remuaient leur tête, les bords de ces charmants couvre-chefs se frôlaient en un harmonieux ballet.

Nous arrivâmes à l'église, le curé attendait sur le parvis, en compagnie d'un enfant de chœur.

Des chants de fête s'élevèrent sous les voûtes.

Chacun se sentait envahi de gaîté, car les mariages étaient, comme ils le sont encore, synonymes de joie et de rires, la bonne humeur étant toujours de mise. Après la cérémonie, nos musiciens se dirigèrent vers le bistrot situé au milieu du village.

Là, ils se remirent aussitôt à jouer avec ardeur.

Les invités commencèrent à danser en attendant l'heure du repas.

Pendant ce temps-là, à la ferme, autour des fourneaux, une cuisinière avait été dépêchée de la ville pour aider ma tante et ma mère à préparer ce déjeuner pantagruélique.

Le repas se composait d'un plat de charcuteries, de bouchées à la reine, de truites poêlées à la vicoise, pêchées la veille par mon père dans le ruisseau qui coulait au fond du jardin. Ensuite, un canard rôti avec des petits pois complétait le menu, suivi d'un filet de bœuf rôti avec une truffade, puis venait un plateau de fromages généreusement garni, une salade et bien entendu la traditionnelle pièce montée en génoise décorée à la glace royale, au sommet de laquelle trônait un couple de mariés en miniature.

Une tarte aux fruits ainsi qu'une corbeille où se mêlaient pommes, poires, prunes et de grosses grappes de raisins clôturaient ces agapes d'exception.

À chaque extrémité de la table, se trouvait un tonneau de vin où chacun allait pouvoir remplir son verre autant de fois qu'il le souhaitait.

Lorsque tous les convives eurent pris place, le repas commença dans une ambiance très chaleureuse.

On n'entendit plus bientôt que le bruit des couverts.

Le rituel de l'époque voulait que chaque invité chante ou raconte une histoire, avec en intermède des morceaux d'accordéon.

Marcel, le visage empourpré, n'avait plus qu'un mégot entre les lèvres néanmoins il jouait toujours.

Après cinq ou six heures passées à table, la danse reprit, suivie plus tard d'un second repas à deux heures du matin.

Mais, les mariés avaient alors disparu. Les garçons d'honneur escortés d'un petit groupe de jeunes partirent à leur recherche afin de leur apporter une collation.

L'accordéoniste, infatigable, faisait bien sûr partie de l'expédition.

On découvrit les nouveaux époux cachés dans une maison au fond du bourg. Ils s'étaient réfugiés chez des amis qui avaient cependant un peu trop parlé.

Tout le monde continua à boire du vin blanc, à manger. La journée du lendemain se termina par un autre repas, très copieux lui aussi, composé d'une poule farcie, d'un gigot d'agneau à la façon de ma tante Lisette et de la traditionnelle tarte à la tome.

Le soir, nous avions tous hâte d'aller nous coucher pour dormir un peu et nous remettre de cette abondance de bonne chère et de bonne humeur.

C'est ainsi que s'achevèrent les noces de Joseph dont la vie conjugale fut à l'image de cette fête inoubliable, pleine de simplicité et de chaleur.

Le chou, le légume auvergnat

Lorsque de mystérieuses fumées semblent sortir tout droit des entrailles volcaniques de notre terre et qu'elles errent par-delà les prés bordant la rivière, la vallée de la Cère prend alors des allures fantomatiques : nous entrons en saison automnale.

C'est l'époque où dans les cuisines flotte le parfum d'un bon chou en train de cuire sur le fourneau.

Il peut s'agir de la soupe au chou que les Auvergnats mangent le matin ou au déjeuner. Elle vous ravigote un homme et donne ainsi du courage pour affronter les travaux journaliers.

La potée et le chou farci sont également des préparations élaborées à partir de ce légume populaire, présent dans tous nos potagers.

L'hiver, quand les jardins sont couverts de neige, on va couper un chou et on le fait cuire. En effet, au froid, la consistance du chou s'affermit, mais il n'en est que plus tendre à la cuisson.

Le chou était le légume roi de l'Auvergne, d'autant qu'autrefois il était utilisé également à des fins médicinales. On le posait en cataplasme pour les douleurs articulaires et les maux de ventre. Sa consommation était vivement conseillée car il est riche en fer et en sels minéraux.

Il constituait un allié indispensable pour conserver une bonne santé.

Le chou de chez nous, ou chou frisé, qu'on nomme le « quintal », était de plus un des seuls légumes verts que l'on pouvait déguster en période hivernale.

Le Chou de la Menette

On donnait le nom de « menette » à des dévotes qui s'étaient données mission de faire la charité. Notre région, pauvre depuis ses origines, comptait beaucoup de gens souffrant de malnutrition. Les menettes, surtout nombreuses à Aurillac et dans ses environs, ayant découvert que le chou frisé poussait en abondance et d'une façon luxuriante dans la vallée de la Cère, créèrent un plat riche sur le plan nutritif et peu onéreux. C'est ainsi que naquit cette recette.

Ingrédients pour 4 personnes
un gros chou frisé, quelques bandes de lard,
un morceau de cantal doux, de la crème fraîche.
Préparation 20 minutes ~ Cuisson une heure

Cuire le chou à l'eau salée pendant environ 30 minutes.
Le rafraîchir et l'égoutter.
Dans une cocotte soigneusement tapissée avec les bandes de lard,
alterner le chou et le cantal doux découpé en lamelles,
en couches copieusement couvertes de crème fraîche.
Cuire au four pendant 30 minutes environ.
Laisser tiédir
et savourer ce plat unique riche en calcium.

Le Chou farci façon régionale

S'il disparaît peu à peu des cartes des restaurants régionaux,
certains chefs auvergnats « émigrés » poursuivent avec obstination son usage.
Trois façons de le présenter : en couches, comme des lasagnes, au moule ou reconstitué.

Ingrédients pour 8 personnes
un chou frisé bien « pommé », 2 oignons, 2 gousses d'ail, 200 g de persil frais,
600 g de restes de viande, 200 g de lard gras,
lard maigre, un œuf, une cuillerée à soupe de crème double, du poivre,
(ou 450 g de restes de viande et 150 g de petit salé, pour le chou reconstitué).
Préparation 2 heures ~ Cuisson 1 h 30 à 2 heures

Mélanger en une farce crémeuse, viandes et petits légumes hachés menus,
œuf et crème ; assaisonner, puis, au choix :
1~ dans une cocotte bardée de lard, alterner les feuilles entières blanchies
à l'eau bouillante salée, puis rafraîchies et égouttées, et la farce,
finir par des feuilles et un peu de lard.
Couvrir et laisser cuire une heure au four à 250 ° (thermostat 8),
jusqu'à ce que les bords soient croustillants et se détachent des parois ;
2~ hacher les feuilles, cuites comme précédemment, mélanger avec la farce,
bien tasser cet appareil dans la cocotte ;
après cuisson, démouler ce « pâté » où le chou prédomine ;
3~ glisser délicatement la farce entre les feuilles du chou entier et cru,
sans les casser, reformer le chou, l'envelopper de lard maigre et ficeler.
Faire revenir dans la cocotte, carottes, oignons, lardons et bouquet garni,
déposer le chou, le noyer de bouillon ou d'eau légèrement salée.
Couvrir et laisser cuire environ une heure.
Servir en portions moulées dans un bol, avec cordon de jus de viande et persil.

La Soupe au Chou

Ingrédients pour 4 personnes
un chou, un oignon, 4 carottes, un chou-rave,
4 saucisses, 4 tranches de pain bis.
Préparation 20 minutes ~ Cuisson une heure

Mettre le tout dans un faitout,
recouvrir d'eau
et laisser cuire pendant une heure.
Dans une soupière,
couper les tranches de pain,
les couvrir du bouillon
et de quelques légumes.
La soupe est prête à être dégustée.
Les légumes restant peuvent être servis
accompagnés de saucisses :
cette soupe devient alors un repas complet.

Mathurin le guérisseur

Le petit chemin qui menait au village était bordé de noisetiers. Ces arbres avaient poussé sur des pierrailles qui dessinaient les contours de ce sympathique sentier champêtre.

De nombreux lézards se chauffaient nonchalamment au soleil brûlant de midi. À mon approche, ces inoffensifs reptiles se sauvaient prestement, effrayant alors quelque peu l'enfant que j'étais.

J'empruntais quelquefois cet itinéraire bucolique pour accéder à une clairière au fond de laquelle coulait une fontaine aménagée en abreuvoir. Les troupeaux venaient, en fin de journée, s'y régaler d'une eau toujours fraiche et vivifiante.

Le clocher du village de Chantegril émergeait du feuillage et semblait ainsi protégé par cet écrin de verdure.

Une paix indicible régnait dans les ruelles qui serpentaient entre de belles habitations typiquement auvergnates.

Pourtant, une certaine agitation régnait toujours autour de la même maison : celle de Mathurin, le guérisseur.

Des patients, venus de toute la région, frappaient timidement à la porte avant de s'engouffrer à l'intérieur de cette grande demeure sous le toit de laquelle mon esprit imaginait des mises en scène diaboliques.

De nombreux géraniums rouges ornaient chaque fenêtre de cette bâtisse d'où se dégageait malgré tout un certain mystère.

Mathurin sortait rarement de cet étrange palais et entretenait peu de relations avec les gens du village.

Je l'apercevais quelquefois, avec sa musette sur l'épaule, qui arpentait la campagne. Il s'arrêtait souvent, se penchait pour cueillir une plante qu'il plaçait avec précaution dans sa sacoche.

La Manette, qui habitait près de chez nous, avait été une fois le voir. Elle souffrait beaucoup d'une mauvaise circulation sanguine ainsi que de maux de ventre.

Mathurin ordonna à la brave paysanne de pratiquer des bains de siège, lesquels étaient composés d'une fourmilière bouillie avec de l'eau. Selon les dires de la Manette, cette préparation insolite avait été très efficace…

Le docteur Lambertin, dont le cabinet se situait dans la vallée, venait parfois nous rendre visite.

Mon père lui parlait souvent de ce guérisseur.

Il voulait d'ailleurs aller le consulter parce que son cou avait gonflé considérablement et le médecin avait diagnostiqué un début de goitre.

« Tu peux toujours aller le voir, cela ne te fera aucun mal », avait répondu en souriant le vieux docteur.

Après sa visite auprès de Mathurin, je me souviens du petit aimant en forme de fer à cheval que mon père porta pendant très longtemps, autour du cou, attaché par un lien.

Le résultat fut spectaculaire : le gonflement finit par disparaitre, malgré le peu de confiance accordée par le corps médical à la « science » de Mathurin.

Dans ces hautes terres auvergnates, où le crépuscule favorise parfois la naissance de formes bizarres dans le ciel, ce qui touche au surnaturel peut paraître réel.

Mathurin bénéficiait ainsi d'une indéniable notoriété qui dépassait de loin les frontières de notre département.

À côté de sa maison, il cultivait un grand jardin où abondaient toutes sortes de plantes entretenues méticuleusement. Il avait accroché un petit panneau sur lequel était écrit :

« Dis-moi ce que tu manges et je te dirai comment tu te portes ».

Ses conseils en matière d'alimentation étaient donc d'une haute importance pour les villageois qui prisaient beaucoup les plaisirs de la bonne chère. En effet, à cette époque-là, la télévision n'existant pas, les activités ludiques des paysans se limitaient à une bonne table ainsi qu'à… la constitution d'une nombreuse famille.

Selon les doctes conseils de Mathurin, le thym jeté dans une sauce ou dans un plat de légumes secs évitait les problèmes de flatulence ; la sauge ajoutée au rôti procurait de l'aisance au tube digestif ; une salade de laitue bien fraîche, le soir, avant de se coucher constituait un excellent remède contre l'insomnie.

Les vertus de nombreuses plantes étaient, de cette façon, répertoriées pour le bien-être et la santé de tous les patients de Mathurin.

Depuis, le savant homme a disparu, n'ayant pas réussi à percer le secret de l'éternité, et personne ne lui a succédé.

Sa demeure a été acquise par des parisiens qui séjournent maintenant en villégiature dans ce qui fut l'antre d'un homme hors du commun.

Ces citadins viennent sûrement se ressourcer en ce coin isolé de terre d'Auvergne et retrouver un peu de la quiétude qui fait tellement défaut aux habitants stressés des grandes métropoles.

Certains soirs quand il m'arrive, entre chien et loup, de sillonner cette lande que j'aime tant, il me semble deviner la silhouette agile de Mathurin, errant sur le plateau, à la recherche de ses herbes magiques, éternel vagabond toujours en quête de recettes bienfaisantes pour ses semblables…

La Soupe à l'Oseille dite Potage médicinal

Ingrédients pour 5 à 6 personnes
une poignée d'oseille,
40 g de beurre, 1 l d'eau,
2 cuillerées de fécule de pomme de terre,
ou à défaut 2 ou 3 grosses pommes de terre cuites,
2 jaunes d'œuf, 1/4 l de lait froid,
1/2 l de crème fleurette, cerfeuil.
Préparation 30 minutes ~ Cuisson 15 minutes.

Ciseler l'oseille,
la mettre à cuire avec le beurre jusqu'à réduction de moitié,
ajouter l'eau, saler, laisser bouillir 15 minutes.
Lier avec la fécule délayée dans un peu d'eau froide
(ou avec les pommes de terre cuites à l'eau et écrasées).
Mettre sur le côté du feu pour arrêter la cuisson,
ajouter les jaunes d'œuf délayés dans le lait et la crème fraîche.
Laisser prendre à nouveau le bouillon.
Verser sur de minces tranches de pain
et parsemer de cerfeuil haché.

La Soupe au Potiron

D'une jolie couleur chatoyante, il est à l'origine d'un conte de fée merveilleux ; c'est aussi un légume qui se prépare de plusieurs façons : il s'agit du potiron. Sa forme ronde rassure les enfants, surtout lorsqu'on le creuse dans sa chair afin d'y déposer une bougie pour la fête désormais célèbre d'Halloween. Il trône parfois dans nos salles à manger où la maîtresse de maison l'utilise avec bon goût pour décorer. Les cuisinières auvergnates savent bien accommoder la citrouille de nos jardins, en délicieux potages qui réchauffent les convives les plus difficiles.

Ingrédients pour 8 personnes
1 kg de potiron,
8 pommes de terre, 2 poireaux,
250 g de pain rassis,
1/2 l de crème fraîche.
Préparation 30 minutes ~ Cuisson une heure

Faire suer les poireaux coupés finement.
Ajouter le potiron épluché et coupé en morceaux,
les pommes de terre, le pain et l'eau.
Laisser cuire environ une heure.
Passer au moulin grille fine.
Ajouter la crème et le liquide nécessaire
pour obtenir un potage velouté,
saler, poivrer et servir avec de petits croûtons de pain.

Le Potage à l'Ail rose

L'ail rose, cultivé dans la terre volcanique des monts d'Auvergne, a été pendant longtemps le remède universel de nos campagnes, tout à la fois vermifuge, hypotenseur, aphrodisiaque et antibiotique. Nos ancêtres en consommaient tous les soirs sous forme d'un potage dont voici la recette authentique.

Ingrédients pour 2 personnes
30 g d'ail haché, 1 l de bouillon de poule,
20 g de beurre, 20 g de farine,
8 tranches de pain arrosées d'une cuillère d'huile d'olive,
100 g de cantal râpé, 1/4 l de crème fraîche,
2 minces tranches de ventrèche.
Préparation 10 minutes ~ Cuisson 20 minutes

Dans une casserole, faire fondre le beurre,
ajouter la farine et remuer pour confectionner un roux blanc.
Ajouter le bouillon de poule et l'ail, laisser bouillir 10 minutes,
passer et ajouter la crème.
Présenter en soupière, avec quelques fines herbes hachées,
les tranches de pain recouvertes de cantal
et dorées 10 minutes au four à 250 ° (thermostat 8)
et, selon les goûts, une tranche de ventrèche grillée.

Ce potage procure une agréable sensation de fraîcheur, tout en apportant les bienfaits d'une plante préservant santé et tonus.

Nostalgie automnale

Ce matin-là, le soleil avait baissé d'intensité, ses rayons rasaient les cimes des peupliers dont le feuillage bruissait, telles une kyrielle d'écailles d'argent, au souffle léger du vent du sud, familier de notre région cantalienne.

Cette brise caressante rend les âmes quelque peu nostalgiques, mais elle sait aussi insuffler une pointe d'euphorie dans les esprits.

Tous ces signes annoncent bien sûr l'arrivée de l'automne où les feuilles amorcent leur course folle vers une destination connue d'elles seules.

Cette ambiance chaleureuse ne manque jamais de réveiller en moi les goûts bénis de mon enfance.

Les « papes » douces et sucrées dont le bol plein nous attendait à la sortie de l'école, la gelée de mûres, le fruit de ces ronces à qui nos sages d'autrefois prêtaient tant de vertus curatives pour de nombreuses maladies.

C'est aussi à cette époque que l'on déguste la « faude », ce plat de viande simple qui se confectionnait les jours de fête pendant les périodes où la batteuse venait dans chaque ferme.

C'est également le temps où, à la tombée du jour, on amenait une jarre de lait tiède qu'on posait sur la table.

Chaque membre de la famille emplissait son assiette tout en y émiettant des morceaux de « bourriols ».

Ces habitudes ont disparu désormais. Mais les recettes existent toujours.

Il ne tient qu'à vous de replonger au cœur de ce temps où les hommes et les femmes vivaient au rythme des saisons avec, peut-être, un soupçon d'éternité caché au fond du cœur…

La Pompe ou Brioche

Ingrédients pour 8 personnes
12 œufs entiers, 300 g de beurre mou, 1 kg de farine,
80 g de levure de boulanger, 1/2 verre de lait,
une cuillère à café d'eau de fleurs d'oranger.

Battre énergiquement les œufs et le sucre. Ajouter le beurre, puis la farine et la levure délayée, la fleur d'oranger. Battre le plus longtemps possible. Laisser doubler de volume. Battre à nouveau et mettre en forme.
Laisser gonfler et cuire au four à 200 ° (thermostat 6-7) environ une heure.
Saupoudrer de sucre concassé avant la cuisson.

Les Papes ou Papos

Autrefois appréciées des enfants au goûter, mais également servies, dans nos montagnes les plus reculées, lors des grandes occasions, pour mettre en appétit. Je me souviens très bien que, pour ma première communion, la famille réunie autour de la grande table de bois, s'est régalée d'un bol de « papes » délicatement parfumées à la fleur d'oranger.

Ingrédients pour 3 personnes
un litre de lait, 60 g de farine, 100 g de sucre,
selon les goûts, eau de fleurs d'oranger.

Délayer la farine dans très peu de lait froid.
Ajouter le reste du lait, remuer, porter à ébullition. Verser dans un grand bol.
En refroidissant, une peau se forme à la surface,
la savourer, une autre apparaît et ainsi de suite jusqu'au fond du bol.

Les Pescasoux

Ingrédients pour 15 personnes
250 g de farine, 60 g d'huile, 70 g de sucre, 50 g de beurre, 7 œufs,
3/4 l de lait, une cuillerée à soupe de rhum, un sachet de levure.

Mélanger la farine, la levure, l'huile, le sucre, les œufs, l'alcool et le lait.
Dans une poêle huilée, faire des crêpes, les plus fines possible,
les servir avec de la confiture ou du sucre.

La Gelée de Mûres

Les buissons qui bordent les sentiers sont couverts de ces petits fruits noirs appelés « mûres ». Cette plante vivace pousse partout et offre de délicieuses baies au bon goût sucré. Mais gare aux épines acérées !

Ingrédients pour trois pots de confiture
2 kg de mûres noires, quelques mûres vertes,
sucre à confiture.

Pour une totale réussite,
il est impératif de ramasser les baies par temps ensoleillé
afin qu'elles ne soient pas mouillées.
Passer les fruits au moulin à potage en utilisant la grille fine,
pour obtenir un coulis sans pépins.
Peser ce coulis et le mélanger, à poids égal, avec le sucre à confiture.
Mettre sur le feu,
compter cinq minutes de cuisson à gros bouillons.
Arrêter la cuisson et mettre en pots.
Après refroidissement, placer, à la surface de la gelée,
un papier sulfurisé ou de la paraffine fondue.
Fermer et ranger à la cave en attendant les mauvais jours.

Cette gelée a des propriétés bienfaisantes contre maux de gorge et rhumes.

Les Bourriols

Dans nos campagnes, les bourriols remplaçaient parfois le pain.

Ingrédients pour une dizaine de bourriols
600 g de farine, 400 g de farine de blé noir,
30 g de levure de boulanger,
2 l de petit lait ou 1 l de lait mélangé à 1 l d'eau.
Préparation 3 heures ~ Cuisson : quelques minutes

Mélanger les ingrédients et la levure délayée dans un petit peu de lait tiède,
pour obtenir une pâte pas trop liquide.
Laisser reposer trois heures.
Faire « tomber » les bourriols
en les faisant cuire
dans une poêle chaude graissée, puis passée sous l'eau froide.
Cette cuisson constitue un phénomène assez extraordinaire :
de grosses bulles apparaissent à la surface
de cette crêpe typique du Cantal.

On peut les tartiner, chauds, de beurre de campagne, de rillettes ou de confiture,
ou les émietter dans un bol de bon lait tiède tout juste jailli de la traite du soir.

La Faude ou Poitrine farcie

Ingrédients pour 5 personnes
2 kg de poitrine de veau désossée et dédoublée par le boucher,
600 g de viande froide, rôti de porc de préférence,
3 feuilles de bette, un gros bouquet de persil, 3 échalotes,
200 g de lard gras, 3 œufs, sel, poivre,
une carotte, 2 poireaux,
3 oignons, un bouquet garni et un cube de bouillon de volaille.
Préparation une heure et demie ~ Cuisson une heure

Hacher le tout et en farcir la poitrine de veau.
Coudre avec de la petite ficelle à brider
ou plus simplement, envelopper le tout dans un film alimentaire,
ficeler pour maintenir la faude.
Dans un court-bouillon fait avec carotte, poireaux,
oignons, bouquet garni et cube de bouillon de volaille,
cuire la poitrine farcie environ une heure.
La servir chaude, juste après cuisson
ou bien la laisser refroidir,
la passer en tranche à la poêle avec du beurre.
Présenter avec un jus de viande,
accompagné d'une truffade ou de carottes en rondelles cuites en cocotte.

Gibiers de poil et de plume

Les blés avaient été coupés, il ne restait plus derrière la ferme qu'un immense champ de blé noir qui oscillait en vagues successives sous la caresse du vent.

Parfois, un perdreau s'envolait, subitement, en poussant un cri strident afin de montrer qu'il avait élu domicile en ce lieu champêtre.

Les cailles que l'on entendait margoter se montraient, elles, un peu moins exubérantes.

Les champignons embaumaient les bois de leur parfum si particulier et aiguisaient les papilles gourmandes du promeneur solitaire, à la recherche de quelques cèpes ou girolles qui tomberaient le soir même dans la poêle d'un bon cordon bleu.

Depuis quelques jours, mon oncle devenait plus nerveux.

Il avait décroché son fusil et sorti sa gibecière.

Ce matin-là, il se mit à nettoyer avec beaucoup d'attention cette arme redoutable qui était habituellement accrochée au fond de la cuisine et qu'on pouvait prendre pour une décoration.

Les deux chiens observaient avec le plus grand intérêt les gestes de leur maitre.

Je compris alors que le lendemain serait l'ouverture de la chasse.

J'avais entendu aussi les autres chiens du voisinage qui aboyaient de façon déchirante, poursuivant probablement quelque gibier imaginaire.

Mon oncle alla se coucher ce soir-là de très bonne heure après avoir soigneusement préparé ses bottes et ses vêtements chauds.

Au matin, dès l'aurore, j'étais derrière lui.

Le soleil venait de se lever.

Nos fidèles compagnons à quatre pattes se sont dirigés vers le champ de sarrasin, s'enfonçant avec frénésie au cœur de cette forêt végétale, recherchant la trace du gibier susceptible de s'y réfugier.

Soudain, le chien qui faisait la fierté de son maitre se figea, une patte suspendue. Il attendait. Mon oncle épaula son fusil.

Le perdreau s'envola, rapide comme un éclair. La détonation claqua d'un coup sec, se répercutant en un long écho sur toute la vallée avoisinante.

Le chien revint alors, tenant dans sa gueule le superbe gibier de couleur rousse.

Tout en félicitant avec chaleur son fidèle compagnon, mon oncle rangea religieusement ce trophée dans sa gibecière.

Nous continuâmes à marcher à l'orée de ce champ dans lequel il nous semblait que de nombreuses proies possibles restaient tapies, apeurées par cette déclaration de guerre.

J'étais cependant un peu triste car je plaignais ces pauvres animaux qui me paraissaient sans défense aucune.

Mais mon oncle me rassura : « Ne t'inquiète pas. Nous en tuons très peu, juste ce qu'il faut pour maintenir un équilibre dans la nature ».

Les douze coups de midi allaient bientôt sonner. Nous nous assîmes au pied d'un arbre, près d'une fontaine qui coulait. Ce chant serein et la quiétude qui s'en dégageait apaisèrent mon émotion.

Après nous être restaurés, sans oublier de nourrir nos deux amis les chiens, nous repartîmes. Nous marchions lentement, en observant le comportement de nos compagnons.

L'autre chien se mit à l'arrêt. Il resta ainsi durant quelques secondes et c'est alors qu'un lièvre détala devant nous. Son pelage fauve se confondait avec les herbes sèches.

Mon oncle épaula, tira, et comme il était ce qu'on appelle une « fine gâchette », l'animal, frappé dans sa course, sembla rouler sur lui-même et resta immobile.

Nous étions satisfaits, la chasse avait été très bonne.

Le soleil commençait à baisser à l'horizon.

La forêt semblait se métamorphoser sous cette douce luminosité qui faisait resplendir le feuillage mordoré d'un éclat mystérieux et envoûtant.

La nature, pour qui sait la regarder et l'apprécier, apporte des émotions extraordinaires et inoubliables.

Les oiseaux s'étaient tu.

Nous continuions d'entendre au loin d'autres détonations.

Je me mis alors à songer à tous les habitants de la forêt pour qui la nuit devait être le prélude d'une autre terrible épreuve.

Mais, les fourrés étaient très épais et les animaux les plus âgés savaient, sûrement par expérience, qu'en restant blottis, sans bouger, ils pouvaient se faire oublier des hommes, ces prédateurs d'une saison, et vivre de cette façon un peu plus.

Lorsque nous arrivâmes à la maison, il y avait déjà sur la table un panier de cèpes appétissants qui remplissaient la pièce de leur parfum boisé.

Ma mère soupesa le volatile et annonça fièrement que nous déjeunerions le lendemain d'un bon perdreau au chou.

Elle demanda à mon père de dépouiller le lièvre en prenant bien soin de ne perdre aucune goutte de son sang.

Après l'avoir vidé et coupé en morceaux, elle mit le gibier dans un pot en terre, avec quelques oignons, des carottes, un bouquet garni, avant de le recouvrir de vin rouge.

Le tout fut descendu à la cave pour mariner quelques jours…

Par contre, le prochain lièvre, elle le préparerait autrement, peut-être bien, avec les petites raves du jardin et quelques fines herbes.

Pour les Auvergnats, il existe toujours des joies simples, offertes par les délices de la nature.

Les menus s'égrainent, au rythme des saisons auxquelles se rattachent toujours des senteurs, des impressions et des saveurs caractéristiques qui constituent la richesse gastronomique de notre cher terroir.

Le filet de Lièvre aux petites Raves

Ingrédients pour 4 personnes
2 râbles de lièvre,
une rave, 2 carottes, 2 oignons,
20 g de beurre, 20 g de farine,
2 cl de cognac, 1/2 l de côtes-du-rhône,
une cuillerée à soupe de crème fraîche,
un bouquet garni (thym, laurier).
Préparation 30 minutes ~ Cuisson une heure

Lever les filets de lièvre.
Couper la partie osseuse en petits morceaux.
Faire revenir avec les carottes et les oignons en petits dés.
Flamber le tout au cognac, « singer », en saupoudrant de farine,
ajouter le vin, un verre d'eau et le bouquet garni.
Mettre au four à 250 ° (thermostat 8) et laisser cuire environ une heure.
Passer la sauce, ajouter le sel, le poivre et la crème fraîche.
Avant de la faire cuire à l'eau salée, peler la rave,
en faire des petites boules, à la cuillère parisienne ou cuillère à café,
Lorsque les convives passent à table,
faire cuire les filets, de chaque côté environ 2 minutes.
Les laisser reposer environ 20 minutes, recouverts d'un torchon.
Dans une grande assiette,
déposer 3 cuillerées à soupe de sauce bien chaude,
les filets découpés en fines tranches, en forme de rosace,
les petites boules de rave, avec quelques fines herbes, servir aussitôt.

Le Perdreau au Chou

Ingrédients pour 2 personnes
un perdreau plumé et flambé,
300 g de lard salé, 2 saucisses,
un gros chou, 3 échalotes,
un bouquet de persil, 3 g de sel.
Pour la farce :
le foie du perdreau,
25 g de lard, 25 g de chair à saucisse,
persil et échalotes.
Préparation 30 minutes ~ Cuisson une heure

Faire blanchir le chou, avec le morceau de lard.
À ébullition, le rafraîchir et l'égoutter.
Garnir l'intérieur du perdreau avec la farce.
Le faire dorer des deux côtés, réserver.
Faire rissoler quelques dés de lardons dans une cocotte en fonte.
Déposer une couche de chou au fond de la cocotte,
puis le perdreau et les saucisses.
Recouvrir du reste du chou.
Parsemer des morceaux de lard restant
et laisser cuire une heure au four à 250 ° (thermostat 8).
Démouler et déguster.

L'hiver
et la mort du Monsieur

Au lendemain de Noël, il arrivait souvent qu'une froideur glaciale et la neige surprennent les habitants de la vallée de la Cère. Les voitures, dont la carrosserie se garnissait de guirlandes immaculées, évoquaient ainsi, en cette décoration d'apparat, la cérémonie d'un mariage surnaturel…

Puis la neige faisait son apparition sur les montagnes.

Les « écirs » comblaient les chemins de congères.

Toute la campagne baignait dans un calme impressionnant, laissant poindre quelques cheminées d'où s'échappait une généreuse fumée.

Les corbeaux ne cessaient de croasser au-dessus des champs désertiques.

C'était l'hiver.

C'est donc à cette époque où les températures descendaient très bas et où les mouches avaient disparu qu'il fallait tuer le cochon.

À cinq heures du matin, une animation particulière s'emparait de notre maison.

Dehors, des voix résonnaient dans le silence feutré du petit jour.

La veille, les hommes avaient installé les tréteaux pour la « cérémonie ».

Soudain, des hurlements d'effroi s'élevaient dans l'aurore glaciale : on amenait un énorme porc qui avait été engraissé tout au long de l'année avec des glands, du petit lait et des châtaignes.

Malgré mon jeune âge, je trouvais ce rituel barbare car l'animal poussait des cris à fendre l'âme.

Une femme, que l'on nommait la « mangounière », les manches de sa blouse retroussées, portait un grand récipient en cuivre.

Le « tueur » du village était toujours accueilli chaleureusement.

Après avoir attaché la pauvre bête sur son échafaud, le « bourreau » d'un jour enfonçait son couteau d'un geste précis dans la gorge du cochon qui exhalait son dernier râle d'agonie.

La « mangounière » s'avançait alors pour recueillir le sang qui coulait à flot.

Elle ajoutait ensuite certains ingrédients : sel, petits oignons hachés et fines herbes. Le boudin se préparait.

Après, les hommes étalaient le porc sur un lit de paille et allumaient un feu. Une odeur âcre envahissait bientôt l'atmosphère.

Puis ils se mettaient à promener des flammèches sur le corps de l'animal, tandis que le tueur commençait à racler la peau pour retirer le duvet.

Le cochon que l'on appelait aussi le « Monsieur » se voyait transformé en saucissons, boudins, petit salé, tête persillée…

La partie du filet nommé la « troutse de porc » se traduit par « truite » en raison de sa finesse.

Cet abattage traditionnel est désormais interdit à cause de la législation européenne, draconienne en matière d'hygiène alimentaire.

Cependant, mis à part la cruauté engendrée par cette pratique artisanale, la façon de procéder était parfaitement saine et naturelle puisque le froid aseptisait l'air et que la neige faisait office de linceul immaculé.

Lorsqu'étaient terminées toutes les préparations gourmandes nées de ce sacrifice, les propriétaires du cochon avaient grand plaisir à aller rendre visite à chacun de leurs voisins et amis afin de leur offrir généreusement quelques charcuteries.

C'est ainsi, qu'une fois de plus, la nourriture rapprochait les hommes et les femmes, dans le partage et la convivialité.

La Potée

Ingrédients pour 8 personnes
1 kg de ventrèche demi-sel, un jambonneau demi-sel,
8 saucisses fraîches,
un chou, 8 carottes, 8 pommes de terre,
4 choux-raves et un oignon.
Préparation une heure ~ Cuisson une heure

Mettre dans un faitout la ventrèche, le jambonneau et les saucisses,
recouvrir d'eau et faire bouillir.
Au bout d'une heure, renouveler l'eau, puis ajouter les légumes.
Laisser cuire environ une heure, puis égoutter.
Dresser dans un plat
les choux, la viande par-dessus
et la garniture de légumes autour.
Manger de bon appétit ce plat unique,
avec des « bourriols » ou du pain de campagne
et du vin d'Auvergne.

Les Saucisses confites

En Auvergne, les soirées d'hiver étaient longues et nous les occupions en nous rendant visite mutuellement, pour jouer aux cartes, à la manille de préférence. Sur le tard, nous sortions un bocal de saucisses confites, la tourte de pain, le litre de vin rouge et bien sûr le morceau de cantal. Cette collation se dégustait en toute amitié en racontant des histoires du passé.

Ingrédients pour un bocal d'un litre
7 saucisses de campagne assez grosses,
2 kg de graisse d'oie ou de porc, mélangée à un verre d'eau.

Mettre les saucisses au sel durant 6 heures.
Les dessaler à l'eau froide,
puis les plonger dans la graisse frémissante, durant 2 heures.
Rangées dans un bocal et couvertes de graisse,
les saucisses confites se conservent au moins trois mois, dans un endroit frais,
et peuvent être servies à tout moment,
rôties à la poêle ou au four,
avec une mirepoix,
mélange de légumes aromatiques (carottes, échalotes, céleri...)
grossièrement coupés, servant à enrichir la cuisson des viandes, et un jus.

Le filet de Porc poêlé

Ingrédients par personne
un médaillon de filet de porc de 120 g,
1 gousse d'ail, 1 cuillerée de persil haché et 2 de vinaigre,
50 g de beurre.
Préparation et cuisson : 20 minutes

Fariner les médaillons et les cuire dans une poêle, à feu doux.
Lorsque la viande est bien dorée,
la mettre dans une assiette et saupoudrer de persil et d'ail.
Déglacer la poêle au vinaigre et arroser le médaillon de ce jus.

Très prisé des Auvergnats aussi bien au casse-croûte du matin qu'aux repas.

Le confit de Saucisses à la compote de Chou

Ingrédients pour 6 personnes
6 saucisses confites assez grosses, 2 choux bien pommés,
4 échalotes, 2 carottes,
30 g de bouillon de volaille concentré.
Préparation 30 minutes ~ Cuisson 1 h 30

Couper les choux en lanières, comme pour une choucroute.
Dans une cocotte, faire revenir les échalotes, les carottes en rondelles,
y déposer les choux, arroser avec un litre de bouillon de volaille.
Cuire à couvert au four pendant 1 h 30, surveiller la quantité de liquide.
Faire dorer les saucisses à la poêle et les servir avec les choux très chauds ;
à déguster avec un beaujolais.

La salade de Chou aux Saucisses confites Croquants au cantal doux

Ingrédients pour 6 personnes
un gros chou pommé, 6 saucisses confites, 200 g de cantal doux,
100 g de beurre, huile, vinaigre, thym, laurier, sel.
Préparation 30 minutes ~ Cuisson 15 minutes

Tailler le chou finement, l'assaisonner avec le vinaigre tiédi,
le thym, le laurier et un filet d'huile, saler et poivrer, réserver au froid.
Mélanger beurre et cantal au cutter. Étaler en cercles sur une plaque.
Laisser les croquants dorer, en surveillant la couleur,
4 à 5 minutes environ, au four à 280 ° (thermostat 9).
Découper les saucisses en rondelles, les faire tiédir.
Disposer la salade de chou en petits tas, dans une assiette,
harmonieusement entourés des rondelles de saucisses et des croquants.

Le Boudin aux Pommes

Ingrédients pour 4 personnes
un gros boudin,
4 pommes golden,
50 g de lard gras,
50 g de beurre.
Préparation 10 minutes ~ Cuisson 10 minutes

Couper le boudin en rondelles d'environ 80 g (2 par personne).
Dans une poêle, faire fondre le lard coupé en dés,
y mettre à cuire les rondelles de boudin
jusqu'à ce qu'elles soient légèrement grillées.
Les réserver au chaud.
Éplucher et couper les pommes en tranches,
les faire cuire, à feu moyen, dans une poêle préalablement beurrée,
en les retournant de temps à autre.
Les retirer lorsqu'elles sont fondues et bien dorées.
Servir dans une assiette le boudin grillé et les pommes fondues,
déguster sans tarder.

Le braconnier et son étrange maison

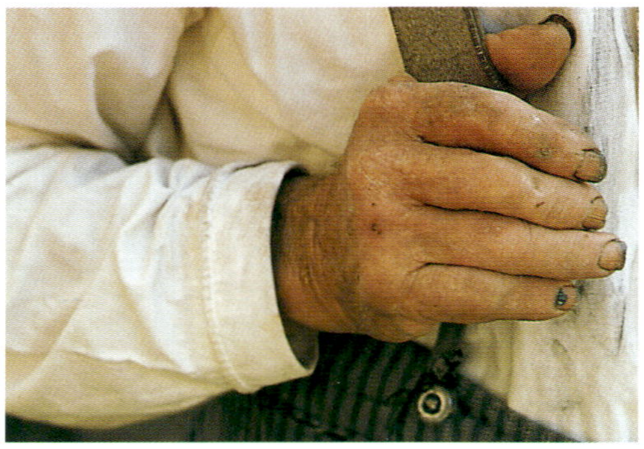

Entre ciel et prairies, très haut sur les plateaux sauvages de Haute-Auvergne, les vaches « salers » à la noble robe acajou sont les seules à peupler l'immense espace.

Comme au cinéma, la beauté de ces « stars » est mise en valeur par une toile de fond d'exception : les montagnes, rondes et verdoyantes, imposantes et mystérieuses dont les entrailles recèlent le feu éternel du vieux volcan endormi. Au cœur d'un paysage aussi mystique, les genêts, les genévriers et les fleurs se mélangent en une étreinte suave et harmonieuse.

Dans ce décor grandiose, l'œil du visiteur s'étonne soudain de voir, échoué au milieu de la verdure, un vieux wagon désaffecté.

Pourtant, nulle trace de gare ni de rail à des kilomètres à la ronde.

Il s'agit là de l'ancienne demeure de Léo, le braconnier.

Enfant, puis jeune homme, je l'ai bien connu, cet ermite d'un autre temps qui écumait la campagne, sa gibecière à l'épaule, en quête de quelques bêtes prises aux nombreux pièges qu'il déposait adroitement, en des cachettes connues de lui seul.

Léo vivait dans ce wagon, en compagnie de ses chiens qui faisaient office de concierge. Dans cette étrange habitation, il n'existait aucune arrivée d'eau et bien sûr aucun circuit électrique. Le plus grand avantage de cette résidence était sans conteste un horizon limpide, des couchers de soleil flamboyants et un air pur et vivifiant.

Léo ne travaillait jamais et vivait au rythme des saisons.

Coiffé d'un vieux chapeau noir, le visage buriné par les vents et barré d'une grande moustache, tel apparaissait le braconnier des plateaux.

Son regard perçant mettait mal à l'aise ses interlocuteurs.

Les paysans le redoutaient quelque peu car il ne vivait pas comme eux. Quant aux gendarmes, ils lui rendaient souvent visite : le moindre larcin commis dans les parages provoquait immédiatement l'interpellation de l'occupant du wagon, pour interrogatoire.

Une année, un autre braconnier de la région fut porté disparu.

Un ramasseur de champignons découvrit plus tard son corps dans un bois de sapins. La cause du décès ne fut jamais élucidée.

Bien sûr, des soupçons planèrent, mais aucune preuve ne put vraiment être établie et le dossier fut classé sans suite.

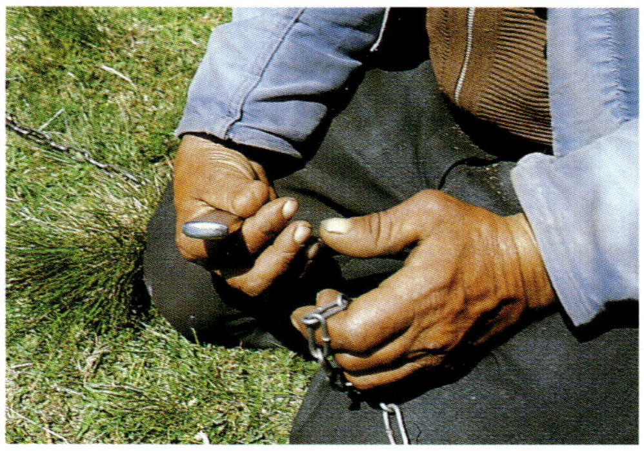

Dans nos montagnes, la vie ne tenait parfois qu'à un fil. Le respect de certaines valeurs était primordial et des rivalités nourries de haine et de jalousie pouvaient conduire au crime.

Léo, cet ermite épris de solitude et de liberté, savait aussi se comporter de manière sociable. Il appréciait les repas simples et sa gourmandise se suffisait des produits que la nature lui offrait. Pendant les nuits d'hiver, lorsque la lune éclairait les montagnes enneigées de sa lumière laiteuse, Léo partait en chasse.

Il repérait les traces laissées par le gibier sur la neige, les suivait et ainsi parvenait jusqu'au gite de ses proies où il tendait un collet composé le plus souvent d'un vieux fil électrique.

De cette façon il récupérait parfois, au petit matin, un lièvre qui se transformerait en un civet savoureux.

Au printemps, Léo surveillait les nids des corbeaux et des pies ; quand les oisillons étaient prêts à s'envoler, il les étouffait et les dégustait rôtis, accompagnés de quelques pommes de terre.

Certaines années, lorsque des signes annonçaient l'arrivée d'un hiver plus rigoureux que de coutume, il descendait de sa montagne, une musette garnie de gros cailloux à l'épaule, s'arrêtait prendre un verre au bar « Chez Dédé » et annonçait qu'il allait, de ce pas, bombarder la façade de la gendarmerie pour « pouvoir passer l'hiver au chaud ».

Et c'est ainsi que les choses se déroulaient.

Il jetait ses pierres contre les vitres et quand les gendarmes sortaient sur le seuil, Léo continuait son tir sur ces cibles de chair et d'os qui ne manquaient pas de le mettre manu militari en prison, pour outrage aux forces de l'ordre.

Il ressortait à la belle saison et regagnait son abri précaire pour vivre sa vie au contact d'une nature nourricière et chaleureuse.

Aujourd'hui il s'en est allé depuis longtemps, emportant ses secrets dans sa tombe.

Il reste, tout là-haut sur le plateau, le vieux wagon, maintenant envahi par la mousse et les ronces, dévasté par la rouille, traversé par le vent qui s'engouffre avec violence dans ce qui fut l'étrange maison d'un homme hors du commun, à sa façon écologiste avant l'heure.

Les desserts, la part de rêve et de création

Un cuisinier, lorsqu'il termine ses repas, éprouve toujours beaucoup de plaisir à présenter des desserts élaborés afin que ses convives quittent l'établissement sur une dernière impression de satiété, de satisfaction et surtout avec le sentiment d'avoir passé un bon moment.

Il est important en effet que nos hôtes puissent bénéficier de cette part de rêve et de création que tout bon professionnel essaye de faire partager.

Il s'agit d'un instant de communion très intense, entre l'artiste et son public, lorsque le client déguste les mets proposés, en toute convivialité, dans ce lieu magique et privilégié qu'on appelle un restaurant.

Le Parfait glacé à la Verveine

Dessert imaginé à l'intention de Madame de Panafieu, alors Ministre du Tourisme, en visite dans le Cantal.

Ingrédients pour 5 personnes
5 moules de 5 cm de diamètre,
4 jaunes d'œuf, 100 g de sucre, 1/2 verre d'eau,
2 cuillerées à soupe de verveine verte,
1/4 l de crème fleurette.
Préparation une heure ~ Grand froid une heure à une heure et demie

Mélanger le sucre
dans une casserole avec l'eau.
Porter à ébullition et verser sur les jaunes
en les battant énergiquement jusqu'à obtention
d'une crème onctueuse ayant doublé de volume.
Incorporer dans l'appareil refroidi la crème fouettée,
y ajouter, au dernier moment, la verveine. Mélanger l'ensemble.
Verser dans les moules, mettre au grand froid.
Servir dans une assiette avec un ruban de crème au chocolat
et un autre de sabayon à la vanille.
Ce dessert très parfumé apporte fraîcheur et digestion facile.

Les Cornets de Vic ou de Murat

Ingrédients pour 12 cornets
75 g de sucre,
75 g de beurre,
75 g de blanc d'œuf,
75 g de farine,
coulis de framboises.
Préparation une heure ~ Quelques minutes de cuisson

Battre le sucre, les œufs, la farine
et le beurre fondu.
Confectionner, sur une plaque beurrée,
des ronds de pâte du diamètre d'une pièce de 5 francs.
Les cuire au four à 200 ° environ (thermostat 6-7).
Dès que la pâte commence à dorer,
rouler chaque rond de pâte en cornet,
le placer dans un verre à digestif
pour maintenir la forme.
Garnir de crème chantilly,
servir avec un coulis de framboises
et savourer.

La Tarte aux Myrtilles

Les myrtilles étaient considérées autrefois comme la « perle des sages » aux nombreuses propriétés médicinales.

Ingrédients pour 2 tartes
800 g de myrtilles,
500 gr de farine, 250 g de beurre,
2 œufs, 6 cl d'eau, un paquet de levure.
~
100 g de sucre, 100 g de poudre d'amandes,
100 g de farine, 100 g de beurre, 2 œufs.
Préparation 10 + 10 minutes ~ Cuisson 30 minutes

Mélanger la farine, le beurre, les œufs, l'eau et la levure
pour obtenir une pâte brisée.
L'étaler dans les tourtières, couvrir de myrtilles, saupoudrer de sucre
et cuire au four à 250 ° (thermostat 8), environ 30 minutes.
Pour une tarte de qualité supérieure, plus riche et plus savoureuse,
avant la cuisson, couvrir les myrtilles d'une crème d'amandes,
faîte avec le sucre, la poudre d'amandes, la farine, le beurre et les œufs.

La tarte aux myrtilles faisait partie de la palette gourmande des Auvergnats.

Les Îles flottantes

Ce dessert, appelé aussi « œufs à la neige »,
était très prisé aux repas de noce et de communion.
Ingrédients pour 7 personnes
Crème anglaise :
1/2 l lait, 8 jaunes d'œuf,
160 g de sucre semoule,
une gousse de vanille.
Les blancs :
7 blancs d'œuf, 200 g de sucre semoule.
Préparation une heure

Faire bouillir le lait et la vanille fendue en deux.
Battre les jaunes avec le sucre.
Verser le lait dans cette préparation en remuant énergiquement.
Remettre sur le feu et porter presque à ébullition.
Si la crème semble commencer à tourner,
remuer à l'aide d'un fouet.
Laisser refroidir.
Monter les blancs en neige ferme, puis incorporer le sucre.
Déposer, avec une poche à douille, des rosaces de blanc en neige
sur une feuille de papier sulfurisé mouillée, posée sur un plateau.
Mettre de l'eau à bouillir,
avec une spatule, y jeter les rosaces ;
laisser pocher environ 7 minutes d'un côté et 3 minutes de l'autre.
Les égoutter sur un linge sec,
puis les déposer sur la crème.

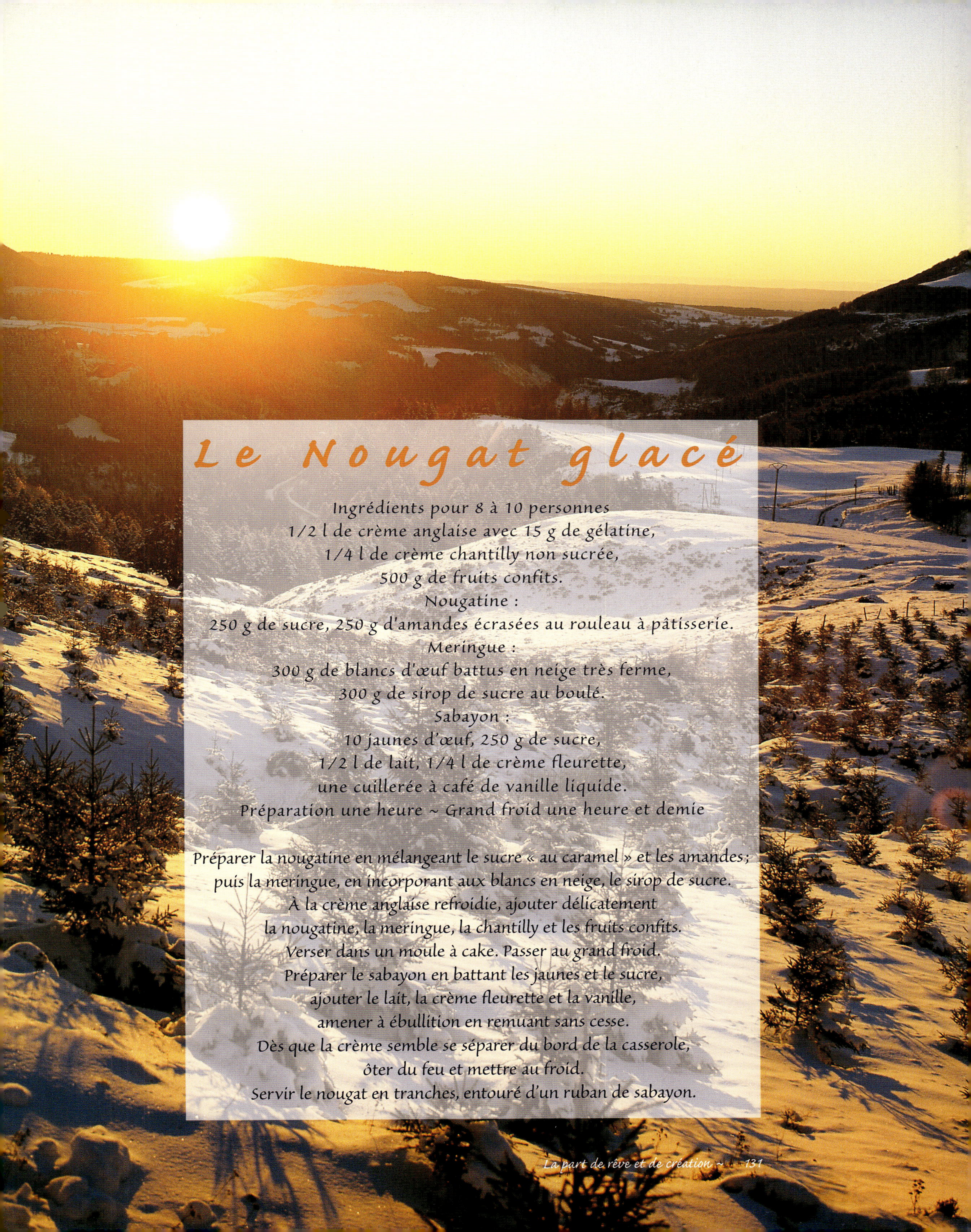

Le Nougat glacé

Ingrédients pour 8 à 10 personnes
1/2 l de crème anglaise avec 15 g de gélatine,
1/4 l de crème chantilly non sucrée,
500 g de fruits confits.
Nougatine :
250 g de sucre, 250 g d'amandes écrasées au rouleau à pâtisserie.
Meringue :
300 g de blancs d'œuf battus en neige très ferme,
300 g de sirop de sucre au boulé.
Sabayon :
10 jaunes d'œuf, 250 g de sucre,
1/2 l de lait, 1/4 l de crème fleurette,
une cuillerée à café de vanille liquide.
Préparation une heure ~ Grand froid une heure et demie

Préparer la nougatine en mélangeant le sucre « au caramel » et les amandes;
puis la meringue, en incorporant aux blancs en neige, le sirop de sucre.
A la crème anglaise refroidie, ajouter délicatement
la nougatine, la meringue, la chantilly et les fruits confits.
Verser dans un moule à cake. Passer au grand froid.
Préparer le sabayon en battant les jaunes et le sucre,
ajouter le lait, la crème fleurette et la vanille,
amener à ébullition en remuant sans cesse.
Dès que la crème semble se séparer du bord de la casserole,
ôter du feu et mettre au froid.
Servir le nougat en tranches, entouré d'un ruban de sabayon.

Le Miroir aux Pommes Sabayon au Birlou

Ingrédients pour 8 personnes
8 pommes golden,
100 g de beurre,
120 g de nougatine concassée, caramel,
10 jaunes d'œuf, 200 g de sucre,
1/2 l de lait,
1/4 l de crème liquide,
10 cl de birlou (liqueur auvergnate à base de châtaigne et de pommes).
Préparation 40 minutes ~ Cuisson 20 minutes

Éplucher et épépiner les pommes, les tailler finement.
Dans une poêle, les faire revenir avec le beurre.
Une fois qu'elles sont cuites, ajouter la nougatine concassée.
Mélanger le tout et garder au chaud.
Sabayon : procéder comme pour une crème anglaise.
Battre les œufs et le sucre jusqu'au blanchiment de l'appareil.
Faire bouillir le lait et la crème. Ajouter au mélange œufs et sucre.
Faire cuire à feu doux. Ajouter le birlou et laisser refroidir.
Dressage : poser un cercle au milieu d'une assiette,
y mettre les pommes tiédies, tasser en formant un creux,
dans lequel verser le caramel liquide.
Poudrer de sucre glace, décorer d'un ruban de sabayon et de chips de pommes.

La Charlotte aux Poires

Ce dessert, inventé par Marie-Antoine Carême au XVIIe siècle, est fort prisé, car très rafraîchissant et agréable après un bon repas. Chaque cuisinier lui donne un caractère personnel.

Ingrédients pour 10 personnes
1/2 l de lait, 100 g de sucre semoule, 15 g de gélatine,
4 jaunes d'œuf, 500 g de poires au sirop,
24 biscuits à la cuillère pour 2 moules, 1/2 l de crème fleurette.
Coulis de fruits (fraises, abricots ou framboises) :
1 kg de purée de fruits pour 400 g de sucre.
Préparation une heure ~ Froid douze heures

Faire tremper la gélatine dans de l'eau froide.
Mélanger le sucre et les jaunes d'œuf, ajouter le lait bouillant,
remettre sur le feu en remuant constamment.
Dès que l'ébullition est imminente et que la crème semble se séparer des parois,
arrêter la cuisson, continuer à remuer et laisser refroidir.
Monter la crème fleurette en chantilly et la mélanger à l'appareil précédent,
ajouter les poires coupées en dés.
Chemiser les moules à charlotte avec les biscuits trempés dans le jus des poires.
Garnir les moules et mettre au froid une nuit.
Démouler et servir avec le coulis de votre choix.

Le Millard ou Clafoutis

Ingrédients pour 5 personnes
600 g de cerises,
300 g de sucre semoule,
4 œufs entiers,
120 g de farine,
3 dl de lait.
Préparation 30 minutes ~ Cuisson 35 à 45 minutes

Saupoudrer de la moitié du sucre
les cerises, de préférence non dénoyautées, rangées dans un moule.
Dans un récipient, casser les œufs,
ajouter l'autre moitié de sucre en battant énergiquement,
puis la farine,
remuer pour obtenir un mélange sans grumeaux, enfin le lait.
Verser sur les cerises.
Mettre au four à 180 ° (thermostat 6) pour 35 à 45 minutes.
Servir encore tiède,
éventuellement avec une crème anglaise.

La Tarte de Vic ou Tarte à la Tome

Cette pâtisserie, appelée aussi « tarte à l'encalat »,
était mise à cuire dans le four à pain lorsqu'on avait sorti ce dernier.

Ingrédients pour 8 personnes
4 l de lait de ferme, 10 gouttes de présure,
200 g de sucre, 200 g de crème épaisse,
une cuillerée à café de vanille, 4 œufs.
Préparation de « l'encalat » : 1/2 à 1 journée
Préparation de la tarte : 30 minutes ~ Cuisson une heure

Pour un grand bol de lait caillé, mélanger le lait et la présure,
remuer, laisser cailler, dans un endroit tiède, 4 à 5 heures.
Laisser égoutter ensuite 12 à 18 heures
tout en surveillant que le caillé ne soit pas raide.
Faire une abaisse de pâte brisée, en chemiser une tourtière beurrée.
Dans un saladier, mélanger énergiquement
le bol de lait caillé égoutté, les œufs, le sucre et la vanille.
Verser la préparation dans une tourtière.
Cuire environ une heure dans un four à 200 ° (thermostat 6-7)
jusqu'à ce que le dessus soit bien doré.
Ce dessert peut se servir tiède ou froid.

Le Pâté de Pommes

La pomme était le seul « dessert fruit » de l'Auvergnat pendant la période hivernale. Conservée sur une étagère, à la cave, dans le noir, sa peau se plissait, sa saveur augmentait et son parfum embaumait toute la maison. Le pâté de pommes faisait office de dessert à midi, ou de goûter et accompagnait un bol de lait au dîner.

Ingrédients pour 8 personnes
7 pommes canada ou reinette,
2 jaunes d'œuf, 100 g de sucre, 500 g de farine, 250 g de beurre,
100 g d'eau, un sachet de levure chimique, marc d'Auvergne,
une gousse de vanille, fendue et râpée au couteau.
Préparation 30 minutes ~ Cuisson une heure

Pétrir ensemble d'abord les jaunes d'œuf et le sucre,
puis, le beurre en pommade, la farine et la levure, puis l'eau.
Mélanger énergiquement et faire une boule de pâte,
laisser reposer 20 minutes.
Éplucher les pommes, les couper en tranches
et les faire sauter à la poêle avec du beurre et du sucre,
flamber au marc d'Auvergne. Disposer dans un récipient. Mettre au froid.
Abaisser la pâte et en garnir un moule à tarte antiadhésif,
le remplir de l'appareil à pommes, recouvrir d'une deuxième abaisse de pâte.
Souder les bords pour fermer hermétiquement la préparation,
cuire dans un four à 250 ° (thermostat 8), pendant environ une heure.
Retourner la tourtière sur un plat et servir tiède.

FARINE
DE BLÉ

L'histoire de la vieille auberge

Parfois, lorsque le service n'était pas trop bousculé et que la plupart de mes clients dégustaient leur dessert, ma mémoire se mettait à vagabonder. Mon voyage imaginaire favori me ramenait toujours vers une vieille auberge située sur un haut plateau du Cantal, là où les « écirs » soufflent avec une grande violence certains jours d'hiver.

Son emplacement dans le village était privilégié : à côté de la mairie, face à l'église. Ainsi les fidèles, en sortant de chaque office, ne manquaient jamais de venir boire un petit « canon » chez Margot et Joseph.

C'était là le haut lieu de la vie sociale du pays.

Ses habitants venaient se désaltérer, mais ils trouvaient surtout auprès des patrons de la petite auberge l'écoute, la chaleur et la compréhension qui leur faisaient parfois défaut à la maison.

Je revois parfaitement cet endroit si avenant : la cour, « hall de réception » de l'époque, bordée, d'un côté par le four à pain et un amoncellement de fagots de genêts, de l'autre côté par une cuve taillée dans la pierre, réserve d'eau de pluie où débouchaient les chéneaux de la toiture.

Des escaliers usés donnaient accès à la salle commune, au premier étage, où l'on accueillait les clients.

Une enseigne indiquait au-dessus de la porte :

« Aubergiste. Loge à pied et à cheval. Voitures à volonté ».

Sous les marches, une porte mystérieuse semblait s'ouvrir sur les entrailles de la terre, mais il s'agissait, en fait, de l'entrée de la cave.

À l'intérieur, les tonneaux se succédaient, rangés côte à côte, prêts à être « mis en perce », car, ici, la boisson principalement vendue, en demi-bouteille ou en bouteille entière, était le vin.

Lorsqu'un visiteur pénétrait dans la pièce principale, il comprenait vite que Margot, la patronne, régnait avec autorité dans ce lieu peu ordinaire.

Son époux, Joseph, s'occupait également de la ferme voisine et faisait, le dimanche, office de coiffeur.

Ces tâches diverses, ainsi que les yeux rieurs et la grande moustache du brave aubergiste, attiraient la bienveillante attention des villageoises.

Margot le savait, bien sûr, et éprouvait une pointe de jalousie, car malgré de très nombreuses années de vie commune, elle aimait toujours son compagnon d'une affection passionnée.

La clientèle était composée en grande partie de travailleurs agricoles.

Ils appréciaient de s'asseoir à la longue table de bois pour savourer une jambe de cochon froide et un bon morceau de fromage de cantal, le tout arrosé d'un verre de vin rouge.

Les discussions allaient bon train.

Chacun racontait les dernières nouvelles glanées de-ci de-là, au hasard d'une rencontre.

Le feu pétillait vivement dans le « cantou ». Un berger, assis sur le vieux banc à sel, contemplait les flammes multicolores en rêvant à quelques moments heureux passés auprès de son troupeau.

Médor et Follette, les chiens de la maison, aboyaient dès qu'ils entendaient des pas dans l'escalier.

Si le visiteur hésitait à franchir le seuil, Margot criait :

« Entra, entra, l o u co gaffe pas » (« Entrez, entrez, le chien ne mord pas »).

Les chiens s'approchaient timidement, quémandant quelques caresses au nouveau venu. Ils n'hésitaient pas à remuer vigoureusement leur queue, en signe de bienvenue, démontrant ainsi un sens certain de l'accueil et du commerce…

Oui, quand sonne l'heure de la nostalgie, dans ma cuisine, je me souviens, avec tendresse, de cette vieille auberge chaleureuse que j'ai bien connue dans ma jeunesse.

Quelques années après la dernière guerre, le printemps était enfin revenu, après un hiver très long. Les champs commençaient à blanchir sous la poussée odorante des narcisses.

On avait tué le cochon. De magnifiques chapelets de saucisses et de volumineux jambons ornaient le plafond et la cheminée de l'auberge.

Un matin, Joseph ne se leva pas, peut-être pour la première fois de sa vie.

Le valeureux paysan limonadier, atteint d'une congestion cérébrale, perdit rapidement connaissance et disparut dans la douceur des premiers jours d'avril.

Margot eut beaucoup de chagrin mais elle continua courageusement à tenir son commerce, soutenue par la considération fidèle de ses clients.

Je tenais à rendre hommage à ce couple d'aubergistes d'un autre temps qui a sûrement contribué, par sa gentillesse et son savoir-faire, à éveiller dans l'esprit du petit garçon que j'étais alors, la vocation du beau métier d'hôtelier restaurateur.

Pour conclure :
« Bon appétit ! »

Voici bientôt venu le moment de refermer cet ouvrage où vous aurez trouvé, je l'espère du moins, de quoi vous donner l'envie de cuisiner pour votre plaisir, mais aussi pour celui des autres.

En effet, nous, les maitres queux, avons la chance de pouvoir associer le bonheur éprouvé au moment de la création culinaire et la satisfaction de voir comblée l'attente de nos hôtes.

Je suis né dans un pays où le ciel et la terre se confondent en une étreinte éternelle.

Les champs s'étendent à perte de vue, coupés, de-ci de-là, par des murets de pierre couverts de lichen et de mousse, en raison de leur grand âge.

Par endroit, ces séparations, effondrées, sont remplacées par des piquets de bois reliés de fil de fer barbelé.

Là, se pose parfois un rapace qui observe la campagne environnante puis s'envole soudain, en dessinant de grands cercles, à la recherche d'une éventuelle proie.

Sur ces plateaux balayés par tous les vents, les rares habitants vivent au rythme des saisons.

Chacune d'entre elles est ponctuée par un goût, par un parfum, par une gastronomie bien particulière.

Les hommes et les femmes de ce pays se connaissent bien.

La plupart d'entre eux sont affublés d'un sobriquet dont l'origine se trouve soit du côté de leurs ancêtres, soit dans le lieu où ils habitent.

Au soir tombant, quand l'angélus sonnait au clocher de l'église, à l'image du tableau de Millet, mes parents s'arrêtaient un instant.

Ils adressaient une prière vers l'Éternel afin que la moisson soit meilleure et que nous gardions tous une bonne santé.

Mes souvenirs s'enrichissent ainsi d'anecdotes multiples, empreintes de beaucoup d'émotion et d'amitié. Les habitants de ces contrées excentrées savaient alors se contenter de peu de chose.

Je me souviens de l'arrivée de l'épicier qui montait de la vallée : il cornait à l'entrée du village et les enfants se précipitaient joyeusement vers cette véritable caverne d'Ali Baba ambulante.

Le regard inquisiteur, nous étions prêts à faire des folies pour acquérir des objets ou des aliments bien en vue dans la camionnette du marchand.

Pour ma part, je convoitais surtout de grosses oranges empilées les unes sur les autres ou bien de petites boites de sardines à l'huile dont nous nous délections avec quelques beaux oignons blancs fraîchement cueillis dans le jardin potager.

Un jour, les cloches se sont mises à sonner à toute volée : la guerre venait d'être déclarée.

Ma mère, attristée, vit partir mon père avec les hommes du village, pour combattre.

Nos campagnes furent vidées de leurs forces vives, ne laissant, ici et là, que femmes et enfants s'acquittant, tant bien que mal, des nombreuses tâches quotidiennes.

Le conflit dura cinq ans, nous eûmes, nous aussi, la visite des envahisseurs qui faisaient crisser leurs bottes sur nos chemins.

Les cloches résonnèrent à nouveau pour annoncer la fin de la guerre.

C'est alors que nous quittâmes les hauts plateaux pour gagner la vallée où mon père trouva d'autres occupations.

Je repris le chemin de l'école.

Après avoir obtenu mon brevet élémentaire, je me mis en quête d'un emploi. J'effectuai alors plusieurs saisons dans les hôtels de Vic-sur-Cère.

Il me vint ainsi l'idée, puis l'envie d'embrasser la carrière de cuisinier.

Je n'ai aucune expérience en littérature mais, lorsque l'on prend sa retraite, c'est une partie de sa vie qui s'estompe, une porte qui se ferme définitivement. L'avenir n'est plus alors devant.

La nostalgie s'installe, on souhaiterait, pourtant, que rien ne s'arrête.

Voilà pourquoi, le désir de consigner mes souvenirs, pour mieux les partager, s'installant peu à peu en moi, m'a poussé à écrire ces quelques pages.

Puissent-elles vous rappeler que toute vie humaine est riche d'échanges et de contacts.

Quand une existence s'écoule, orchestrée par un but précis et un fort souhait de réussite, et, si l'on a la chance de posséder une bonne santé, alors, tout va très vite.

La mémoire retient un peu l'injustice, qui nous déçoit, mais surtout l'amitié et l'affection des proches qui illuminent nos destinées.

Ce sont maintenant mes fils qui concoctent ces délicieuses recettes, car j'ai en outre beaucoup de chance : mes deux enfants ont suivi mes traces et je compte qu'à leur tour, ils vous régaleront avec le sandre au beurre rouge, le chevreau aux girolles, le « pounti », le chou de la Menette…

J'espère, qu'à ces mots, vous salivez déjà de plaisir et de gourmandise et, s'il est bientôt l'heure pour vous de passer à table, permettez-moi de conclure par la formule consacrée qui fut la clef de ma réussite et de mon bonheur :

« Bon appétit ! »

Légendes des illustrations

Celle dont il est beaucoup question dans ces pages, l'auberge Ducher, de Badailhac. (p. 1)
Le puy Griou vu des hauteurs de Vic, près du col de Curebourse. (p. 7)
De jeunes agriculteurs passionnés perpétuent le savoir-faire traditionnel. (p. 10)
Mémorable, cette truffade de la main du maître, là-haut dans les grands espaces ! (p. 12)
La « bonne montagne » où l'herbe est toujours verte et parfumée : réglisse, fenouil, trèfle, brunelle, silène, campanule… (p. 16)
Les fromages d'Auvergne en majesté dans le lieu de leur genèse : cantal, saint-nectaire, bleu, fourme d'Ambert. (p. 18)
Les eaux brillantes de la jeune Jordanne et celles de l'Allier, rivière à saumons. (p. 20) ~ La nonchalante Santoire. (p. 21)
De belles truites fario bondissant des eaux de la Cère. (p. 24)
Un poisson de mer, ici ? Ce plat est une des figures imposées de tout apprenti cuisinier. (p. 27)
Depuis la salle d'honneur de la mairie, vieilles demeures de Vic. (p. 29)
Foire à bestiaux à Mauriac et marché de pays à Chalvignac. (p. 37) ~ Les méandres secrets de l'Impradine. (p. 40)
Devenu grand-père, le petit garçon réinvente, pour Hugo et Émilie, le jeu du moulin de son enfance. (p. 41)
Comment un pique-nique peut devenir quelque chose de tout à fait déraisonnable, au pied de la cascade du Faillitoux. (p. 43)
Le clocher à peigne de Roffiac. (p. 44) Le puy Mary. (p. 45) ~ À Nierveze, belle maison cantalienne. (p. 52)
Zouzou, l'oie apprivoisée du Bel Horizon, ne finira jamais en fricassée. (p. 53)
Une chênaie près de Maurs. (p. 55) ~ En descendant du col du Perthus, vers Mandailles. (p. 57)
La batteuse et sa locomobile, les outils du faucheur, les gerbes empilées selon les points cardinaux et le casse-croûte des moissonneurs. (p. 60)
Ici, on loge à pied et à cheval, voitures à volonté : c'est encore notre vieille auberge. (p. 66)
Entre le château d'Anjony et la maison, un arc-en-ciel réunit le riche et le pauvre,
raconte l'itinéraire de l'auteur, de ses origines simples à sa position d'homme aux talents reconnus, et son rêve de convivialité. (p. 67, 69)
Élevés sous la mère, le veau, comme l'agneau : nature et tendresse, les gages d'une viande de qualité. (p. 71, 74)
À Escorailles, une noce d'aujourd'hui, comme jadis, avec la complicité de La Sagranière. (p. 78 à 81)
Près du village de Fortunies, un océan de brume envahit la vallée de la Santoire. (p. 82, 83)
La vallée de la Cère et le chou farci. (p. 87) ~ Dans le jardin potager du maître d'apprentissage de l'auteur. (p. 89)
Dans les rues de Salers : porte de la Martille et, chez l'apothicaire, potions et liqueur de vipère. (p. 90, 91)
Quand la petite oseille prête sa grâce à sa grande cousine, moins jolie mais plus savoureuse. (p. 92)
L'arbre du Bel Horizon, abattu par la tempête du siècle, et la soupe au potiron, pour le réconfort du bûcheron. (p. 94)
Une même rusticité : la faude et les monts du Cantal. (p. 104)
Aurore sur la route des crêtes. (p. 107) ~ Au clocher de Vic, il est presque midi. (p. 108)
Le « Monsieur », nourri des fruits de la forêt, et le cérémonial de sa mort. (p. 112, 113)
À l'auberge de Badailhac, la potée, sur le banc-coffre à sel du cantou, et les saucisses, pendues au plafond. (p. 115, 116)
À Vernet, l'authentique wagon de Léo. (p. 120, 121) ~ Ce rameau, enchâssé par la glace : une œuvre d'art, comme un dessert (p. 123),
comme… un Parfait, dans la salle d'honneur de la mairie de Vic, sous l'œil de la Reine Margot (œuvre de Vinet & Besse). (p. 125)
Au sortir du four à pain de la vieille auberge, la tarte aux myrtilles. (p. 129)
Reines des monts d'Auvergne, la gentiane, la vache salers et… la tarte à la tome. (p. 137)
Avec la vieille auberge de Badailhac ce livre se referme (p. 140, 141) ; mais pas tout à fait,
il reste entrouvert, grâce aux fils de l'auteur… Les cloches de Saint-Urcize le carillonnent ! (p. 143)

Les remerciements de l'éditeur

vont à tous ceux sans qui ce livre n'aurait pu exister & plus particulièrement
Noël Graveline pour le portrait d'André Bouyssou (rabat de jaquette) & les relectures
Le Musée des Arts & Traditions Populaires de Lavaudieu (p. 6, 65, 100)
Jean-Pierre & Francine Chauvet, de Goulaize, avec Jérome, Julien, Victorien & Éric (p. 10, 53, 113)
Jean Chauvet, de Lascelle, Michel-Jean Vignhal, d'Onsac de Polminhac & Jean-Marie Rouquier, de Lolière (p. 53, 113)
La Dordogne en gabares (p. 20) ~ La Maison de Sailles (p. 38)
Le Musée de l'Ancien Temps & des Travaux des Champs de Saint-Maurice-près-Pionsat (p. 60)
Le groupe folklorique La Sagranière de Salers (p. 68, 78 à 81) ~ Le violoniste des Bergers & Pastourelles de La Tour d'Auvergne (p. 68)
Les mariés d'Escorailles, l'accordéoniste Philippe Vincent & le cabrettaire Jean-Claude Tuffery (p. 79 à 81)
Le berger Marc Laurençon (p. 74) ~ Marguerite Maltcheff (p. 90)
La Maison des Templiers de Salers qui abrite maintenant l'ancienne pharmacie de la ville (p. 91)
Renée Day & Guy Marcou (p. 109) ~ Jean-François Noël, sous le képi d'un représentant de la force publique de jadis (p. 121)

Achevé d'imprimer en novembre 2009 - Dépot légal novembre 2009 - ISBN 978-2-913381-76-6

Imprimerie Clerc - Saint-Amand-Montrond - Cher (France)

1re édition en octobre 2000 sous le titre "Contes et saveurs d'Auvergne" - Dépot légal 4e trimestre 2000 - ISBN 2-913381-07-3

Rue Becquerel - 63110 Beaumont - Tél. 04 73 27 43 00 - Fax 04 73 26 26 12